Erbschaft in Belgien verstehen und planen

Christoph Weling

Notar

Erbschaft in Belgien verstehen und planen

Steuern sparen – Streit vermeiden

GEV

www.gev.be
buchverlag@ge-media.be

ISBN 978-3-86712-134-7
D/2025/3071/4

Satz: Grenz-Echo, Eupen

Bei Fragen zur allgemeinen Produktsicherheit (EU-Verordnung, GPSR) wenden Sie sich per E-Mail an buchverlag@ge-media.be.

Inhalt

Vorwort

Erbschaftsplanung, brauche ich das wirklich ?

Der Begriff Erbschaft und Erbschaftsplanung ist unvermeidlich mit der Auseinandersetzung mit meinem eigenen Tod oder dem Tod eines meiner Familienangehörigen verknüpft. Aber wer setzt sich schon gerne mit seinem eigenen Tod auseinander? Wir neigen dazu, dieses Thema eher zu verdrängen, weil es uns an unsere eigene Vergänglichkeit erinnert. Doch wenn Sie selbst nichts unternehmen, wird irgendwann einmal das Gesetz bestimmen, wer Ihre Erben sind und auf welchen Teil Ihres Vermögens diese Erben einmal einen Anspruch haben werden. Erbschaftsplanung bedeutet, dass Sie zu Lebzeiten Maßnahmen ergreifen, um Ihr Vermögen auf Ihre Angehörigen zu übertragen. Nach Ihrem Tod oder auch schon zu Lebzeiten. Indem Sie vorab handeln, können Sie bestimmte Angehörige schützen oder bevorteilen, Ihr Vermögen (teilweise) anderen Personen als Ihren gesetzlichen Erben vermachen oder auch die Erbschaftsteuer, die Ihre Erben einmal zahlen müssen, auf ganz legale Weise senken, indem Sie zum Beispiel das Erbe durch Vermögensübertragungen vor Ihrem Tod früher verteilen.

All das ist nicht so einfach und bedarf einer fundierten und ausgeklügelten Beratung, die Sie sich zu gegebener Zeit bei Ihrem Steuer- oder Bankberater, Rechtsanwalt oder Notar Ihrer freien Wahl einholen sollten. Mit dem vorliegenden Ratgeber zur Erbschaftsplanung ist es dem Autor perfekt gelungen, eine lesbare und verständliche Einstiegshilfe in dieses komplexe Thema zu schaffen.

Wie sieht bei mir die gesetzliche Erbfolge aus? Wie hoch wird die Erbschaftsteuer für meine Erben sein, wenn ich nichts unternehme? Welcher verschiedener Instrumente kann ich mich bedienen, um diese möglicherweise zu senken?

Besonders hervorzuheben ist die Tatsache, dass dieser Ratgeber von Notar Christoph Weling der erste in dieser Form in deutscher Sprache in unserem Land ist. Was ihn zusätzlich auszeichnet, sind die im vierten Teil des Buches erklärten Unterschiede zwischen dem belgischen und dem deutschen Erbrecht, bzw. der Europäischen Erbrechtsverordnung. Dieses Kapitel macht das Werk ganz besonders für deutsch-belgische Grenzgänger und für in Belgien wohnhafte deutsche Staatsbürger sowie Bedienstete der europäischen Kommission höchst interessant.

Ich denke, dass Christoph Weling mit diesem Buch ein perfekter Spagat gelungen ist zwischen derweil trockenen Gesetzesregelungen und einem für jeden lesbaren und verständlichen Ratgeber.

In diesem Sinne wünsche ich Ihnen eine angenehme und vor allem aufschlussreiche Lektüre, die Ihnen hilft, Ihr Vermögen zu schützen.

Oliver Paasch
Ministerpräsident der Deutschsprachigen Gemeinschaft Belgiens

Einleitung: Warum eine Erbschaft planen? Was bedeutet das überhaupt und wie ist dieses Buch zu lesen?

Herzlich willkommen in meinem Buch über Erbschaftsplanung und danke, dass Sie sich dafür interessieren. Ich wünsche eine angenehme Lektüre, auf dass Sie den einen oder anderen Hinweis für Ihre persönliche Situation finden!

a) Was ist Erbschaftsplanung und warum soll ich mich darum kümmern?

In meinem Beruf als Notar komme ich täglich mit den verschiedensten Familien- und Vermögenszusammensetzungen in Kontakt. Aus diesen Erfahrungen ziehe ich folgenden, sehr einfachen Schluss: *Keine Erbschaft ist besser nicht geplant als geplant!*

Eine Erbschaft planen heißt, sich Gedanken zu machen, wie man sein Vermögen aufstellt, d.h. welche Maßnahmen man trifft, um zu bestimmen, *wann* (zu Lebzeiten oder im Todesfall) *welche Vermögenselemente* (mein Haus, mein Bankkonto, usw.) *an wen* (Kinder, Ehepartner, Person die mir am Herzen liegt) übergehen, mittels *welcher Besteuerung* (was u.a. vom Instrument der Planung abhängig ist: Schenkung, Testament, Ehevertrag usw.).

Der Grund eine Erbschaft zu planen, ist nicht nur das evidente Ziel, Steuern zu sparen. Klar ist das Thema Steuereinsparung immer zentral, jedoch sollte eine ordentliche Erbschaftsplanung über dieses Thema hinausgehen und auch die sogenannten zivilrechtlichen Themen erfolgreich bearbeiten, nämlich z.B.:

- Welche Vorsorge sollte ich treffen, um im Alter oder bei Krankheit ordentlich abgesichert zu sein?
- Wie schaffe ich es, das Streitrisiko zwischen meinen zukünftigen Erben zu verringern?
- Wie kann ich gewährleisten, dass meine Vermögenselemente nach meinem Tod auch der Person bzw. den Personen zukommt/zukommen für den bzw. die ich es bestimme?

- Wie jongliere ich als Grenzgänger zwischen dem belgischen und dem deutschen Recht?
- Wie bin ich wirklich zu meinen Kindern gerecht?
- Wie kann ich dafür sorgen, dass meine Kinder nicht erst mit 52 Jahren von meinem Vermögen profitieren (denn das ist das Durchschnittsalter, in dem man erbt), ich aber gleichzeitig weiterhin genügend Vermögen zur Verfügung habe?

Gründe, eine Erbschaft zu planen, gibt es also mehr als genug, und jeder ist davon betroffen. Trotzdem werden Erbschaften noch immer viel zu selten geplant, denn bei Nachlassregelungen muss ich in der Praxis sehr häufig feststellen, dass die Steuerfrage bzw. die Antworten auf eine oder mehrere der vorerwähnten Fragen – in Ermangelung der richtigen Planung zu Lebzeiten – sich in der Nachlassabwicklung als nicht optimal gestaltet.

Woher kommt es also, dass Menschen sich nicht mit dem Thema beschäftigen bzw. es fürchten? Dafür sehe ich folgende – sicherlich verständliche – Gründe, die sich jedoch allesamt als nicht gerechtfertigt herausstellen.

- *Die Angst, sich mit seinem Tod auseinanderzusetzen:* Nicht gerechtfertigt, denn aus Erfahrung ist es so, dass die Menschen, die sich informiert haben und ggf. ihre Erbschaft geplant haben, danach deutlich beruhigter sind, als diejenigen, die das Thema vor sich her schieben.

- *Der prallgefüllte Alltag:* Viele Menschen planen erst dann ihre Erbschaft, wenn sie in ihrem Familien- oder Bekanntenkreis eine schlechte Erfahrung mit einer nicht geplanten Erbschaft gemacht haben (seien es zu hohe Steuern oder Streit zwischen den Erben).

- *Die Angst, nicht mehr genug für sich selbst zu haben, sollte man z.B. in ein Pflegeheim müssen:* Nicht gerechtfertigt, da eine gute Erbschaftsplanung immer als erste Priorität den Schutz der Person hat, die ihre Vermögensübertragung plant. Erst in einem zweiten Stadium kommen andere Interessen ins Spiel, wie z.B. Steuereinsparungen, die Kinder bevorzugen usw. Das belgische Recht bietet hier eine Reihe von Möglichkeiten, diese Interessen, die auf den ersten Anblick widersprüchlich erscheinen, zu vereinbaren.

- *Die Angst, nicht mehr selbst entscheiden zu können, z.B. über die Geschicke des Familienunternehmens:* Unbegründet, da es durchaus genügend Techniken gibt, eine Vermögens- bzw. Betriebsübergabe so vorzunehmen, dass das Eigentum (oder ein Teil davon) auf die nächste Generation übergeht, die Entscheidungsgewalt jedoch bei der abtretenden Generation bleibt, so lange sie dies wünscht.

- *Die Angst, dass die Kinder noch nicht reif genug sind, um das Vermögen zu verwalten:* Hier gibt es ebenfalls Möglichkeiten, das Verfügungsrecht (Immobilien verkaufen, Geld verprassen, ...) der Kinder zu begleiten oder erst ab einem gewissen Alter (z.B. 18 oder 25 Jahre) zu ermöglichen.

Die Tatsache, dass triftige Gründe, nicht zu planen, nicht existieren, bedeutet natürlich keinesfalls, dass in jeder Situation eine Erbschaftsplanungsberatung dazu führt, Tausende Euro Steuern zu sparen, oder den Familienfrieden auf alle Ewigkeit zu garantieren. Aber Wissen ist immer besser als Nichtwissen, und selbst wenn eine Umsetzung von Planungsinstrumenten sich anhand der konkreten Situation als nicht notwendig herausstellt (da die Situation, so wie sie in Ermangelung von Erbschaftsplanungsmaßnahmen ist, zu den Zielen führt, die man hat), so ist es dennoch beruhigend zu wissen, dass man sich auf dem richtigen Weg befindet.

b) Ziel dieses Buches, und wie es zu lesen ist

Dieses Buch hat als Ziel, Sie allgemein mit der Thematik der Erbschaftsplanung vertraut zu machen. Darüber hinaus sollen Sie anhand der aufgeführten Situationen, Beispiele und Themen den einen oder anderen Anhaltspunkt für Ihre persönliche Situation finden, den Sie dann – im Rahmen einer Erbschaftsplanung mit dem Berater Ihrer Wahl – zu gegebener Zeit in die Tat umsetzen können.

Das Schreiben dieses Buches stellte für mich einen Drahtseilakt zwischen einerseits relativer Vollständigkeit und andererseits der Lesbarkeit für jedermann dar: Versuche ich juristisch vollständig und 100 Prozent genau zu sein, wird das Buch für Sie ein trockener Schmöker in juristischem Kauderwelsch, und Sie werden es in spätestens drei Minuten beiseitelegen. Vereinfache ich zu sehr, geht das zulasten des Inhalts.

Deswegen habe ich versucht, das Buch so zu gestalten, dass Sie es nicht – wie einen Roman – von Seite 1 durchgehend bis zum Ende lesen müssen, sondern anhand des *Inhaltsverzeichnisses* (am Anfang des Buches) und des *Fragenverzeichnisses* (am Ende des Buches), die Passagen ausfindig machen können, die Sie in Ihrer konkreten Situation interessieren. Wenn Sie z.B. kinderlos und geschieden sind und wissen möchten, wie man steuergünstig sein Vermögen an Ihre Neffen und Nichten vermachen kann, wird Sie das Kapitel über Erben an Ehepartner und Kinder wenig interessieren.

Da immer wieder dieselben juristischen Begriffe verwendet werden (z.B. Nutznießung/Nießbrauch), die dem Verständnis halber einer Erklärung bedürfen, habe ich die Erklärung der Begriffe in einem gesonderten Teil 5 vorgenommen, in dem die Begriffe alphabetisch angeordnet sind. Auf diese Art und Weise möchte ich Ihnen ermöglichen, sofort zu den Passagen springen zu können, die Sie interessieren. Gleichzeitig sollen Sie die Fachbegriffe, die verwendet werden, verstehen können, ohne dass diese immer wieder aufs Neue erklärt werden müssen, was die Lektüre für Sie sehr unangenehm gestalten würde.

Alle Begriffe, die in Teil 5 erklärt sind, sind in diesem Buch in diesem Format **gekennzeichnet.**

c) Inhalt

Im **ersten Teil** des Buches erkläre ich die gesetzliche Erbfolge, die Anwendung findet, wenn der Erblasser kein Testament aufgestellt hat und keine vertragliche Erbeneinsetzung (z.B. Schenkung auf den Längstlebenden) vorgenommen hat. In diesem Teil erfahren Sie die Antwort auf die Frage, wer welchen Teil Ihres Vermögens erbt, wenn Sie erbschaftstechnisch nichts zu Lebzeiten planen.

Im **zweiten Teil** erfahren Sie, wie hoch die Erbschaftsteuer ist und wie sie in den verschiedenen Situationen berechnet wird.

Teil drei bildet das Herzstück dieses Buches. Erklärt wird, wie durch verschiedene Instrumente (Eheverträge, Schenkungen, Testamente und viele andere Techniken) eine zukünftige Erbschaft im Sinne des Erblassers gerecht und steuergünstig geplant werden kann.

In **Teil vier** werde ich einige wichtige Unterschiede zwischen dem belgischen und dem deutschen Erbrecht erklären. Außerdem werde ich auf die Situation von Grenzgängern eingehen.

Im **fünften Teil** werden dann, wie bereits erwähnt, sämtliche juristischen Begriffe, die in diesem Buch verwendet werden und die in diesem Format erscheinen, (hoffentlich) verständlich erklärt.

Am Ende des Buches finden Sie dann einen praktischen Teil, aus dem Sie die verschiedenen, durch Sie zu erledigenden Schritte erfahren, falls Sie von einer Erbschaft betroffen sind. Außerdem finden Sie Informationen, wie die Erbschaftsabwicklung ganz konkret abläuft.

Letztlich sei – noch einmal – erwähnt, dass das Inhaltsverzeichnis (am Anfang des Buches) und das Fragenverzeichnis (am Ende des Buches) die Möglichkeit gibt, die Passagen des Buches ausfindig zu machen, die Sie besonders interessieren. Dort finden Sie Ihre persönliche Situation wieder.

TEIL 1 – Sterbefall ohne Testament oder vertragliche Erbeneinsetzung: Wer erbt? Die gesetzliche Erbfolge

Wenn der Erblasser *nicht* testamentarisch oder vertraglich verfügt hat, wer sein Vermögen erben soll, bestimmt das Gesetz die Erbfolge. Die sogenannte „gesetzliche Erbfolge" berücksichtigt neben den Blutsverwandten auch den überlebenden Ehepartner und den überlebenden gesetzlich zusammenwohnenden Partner. Innerhalb der Blutsverwandtschaft bestimmt ein Ordnungssystem mit Erbordnungen, Linien und Graden den oder die Erbberechtigten.

In diesem ersten Teil spiele ich die verschiedenen familiären Situationen durch und erkläre für jede einzelne Situation, wer erbberechtigt ist.
Mit anderen Worten: Dieser Teil gibt Ihnen die Antwort auf die Frage: Wer erbt von mir, wenn ich kein Testament verfasse oder anderweitig meine Erbschaft plane?

Kapitel 1: Der Erblasser hinterlässt keinen Ehepartner und ist nicht gesetzlich zusammenwohnend

Keinen Ehepartner zu hinterlassen bedeutet, dass der Erblasser an seinem Todestag entweder ledig, verwitwet oder geschieden und nicht wiederverheiratet war.

1. Der Erblasser hinterlässt Nachkommen

a. Die Kinder stechen jegliche anderen Blutsverwandten (Enkelkinder, Eltern, Geschwister usw.) in der gesetzlichen Erbfolge aus, d.h. hinterlässt der Erblasser Kinder, erben nur die Kinder und keine anderen Verwandten.

Die Kinder erben zusammen (d.h. „ungeteilt") sämtliche Güter, die das Vermögen des Erblassers bilden.

b. Ist ein Kind vorverstorben, so ersetzen die Kinder dieses Vorverstorbenen es in der Erbfolge und werden ungeteilt erbberechtigt für den Teil, der dem vorverstorbenen Kind des Erblassers zugestanden hätte, wäre dieses noch am Leben gewesen. Hierbei handelt es sich um die sogenannte Erbvertretung.

Beispiel 1: Eines der drei Kinder des Erblassers ist vorverstorben, hinterlässt jedoch selbst zwei Kinder, die also Enkelkinder des Erblassers sind. Letztere nehmen den Platz des Vorverstorbenen ein und sind zusammen zu ⅓ erbberechtigt (die beiden anderen ungeteilten Drittel gehen an die beiden noch lebenden Kinder des Erblassers).

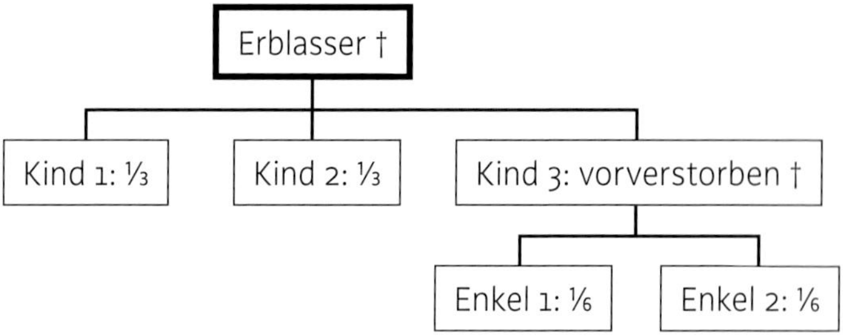

Die Enkelkinder erben folglich in der gesetzlichen Erbfolge nie mehr, als ihr Elternteil (Kind des Erblassers) geerbt hätte, wäre dieser beim Ableben des Erblassers noch am Leben gewesen. Falls jedoch eines der Kinder des Erblassers ohne Nachkommen vorverstorben ist, so erhöht sich der Teil der überlebenden Kinder bzw. Enkelkinder um diesen Teil des Vorverstorbenen. Dies ist eine weitere Anwendung der Erbvertretung.

Beispiel 2: Der Erblasser hinterlässt ein Kind. Zwei Kinder des Erblassers sind vorverstorben, eines hinterlässt selbst zwei Kinder (Enkelkinder des Erblassers) und das andere keine Nachkommen. Erbberechtigt sind je zur Hälfte das überlebende Kind und die beiden Enkel, die in die Rechte ihres verstorbenen Elternteils (Kind des Erblassers) eingewiesen werden.

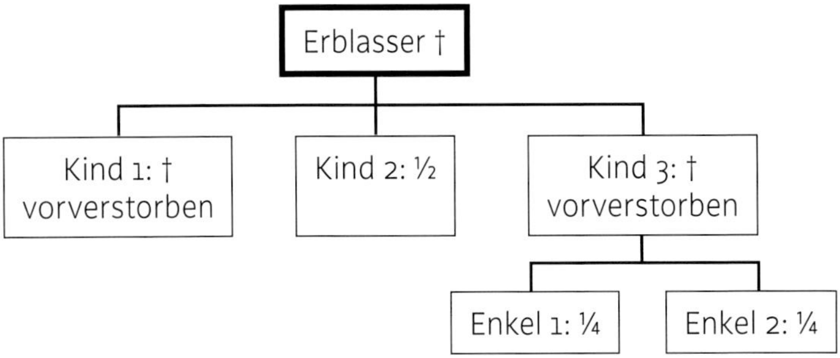

2. Der Erblasser hinterlässt keine Nachkommen, aber Geschwister und ggf. Eltern

a. Wenn der Erblasser keine Nachkommen (Kinder, Enkel, Urenkel) hinterlässt, werden die entfernter verwandten Familienmitglieder erbberechtigt. Dies sind in erster Linie die sogenannten „privilegierten Nebenlinien", zu denen die Eltern, Geschwister und deren Nachkommen gehören.

Jeder überlebende Elternteil ist für ¼ erbberechtigt und die überlebenden Geschwister für den Rest, zu gleichen Teilen.

Ist ein Elternteil verstorben, so werden die Geschwister des Erblassers zusätzlich für den Teil des verstorbenen Elternteils (d.h. ¼) erbberechtigt. Sind beide Elternteile verstorben, so werden die Geschwister zu gleichen Teilen für die gesamte Erbschaft erbberechtigt.

Beispiel 3: Der Erblasser verstirbt ohne Nachkommen und hinterlässt einen Elternteil, einen Bruder und eine Schwester. Der überlebende Elternteil ist erbberechtigt für ¼ des Nachlasses und die beiden Geschwister des Erblassers zusammen für den Rest von ¾, d.h. jeder zu ⅜.

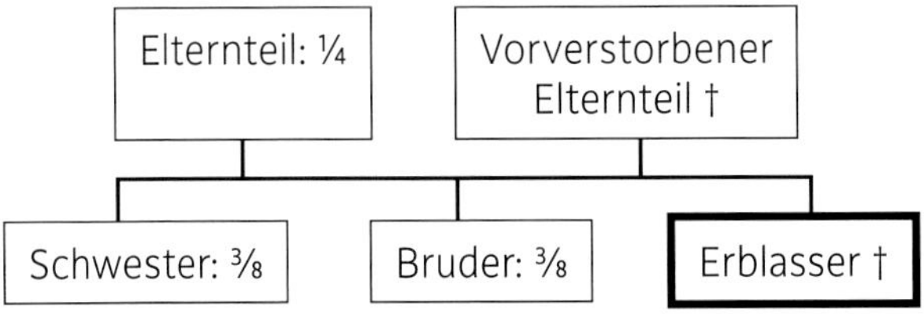

b. Ist eines (oder sind mehrere) der Geschwister vorverstorben, so ersetzen die Kinder des Vorverstorbenen Letzteren in der Erbfolge, und werden ungeteilt erbberechtigt für den Teil, der dem vorverstorbenen Geschwisterteil zugestanden hätte, wäre dieser noch am Leben gewesen. Dies ist wiederum eine Anwendung der Erbvertretung.

> **Beispiel 4:** Der Erblasser verstirbt ohne Nachkommen und hinterlässt einen Elternteil, einen Bruder und zwei Kinder der vorverstorbenen Schwester. Der überlebende Elternteil ist für ¼ des Nachlasses erbberechtigt. Der Rest wird zwischen dem überlebenden Bruder einerseits (⅜) und den beiden Nichten andererseits (zusammen ⅜; jede 3/16) aufgeteilt.

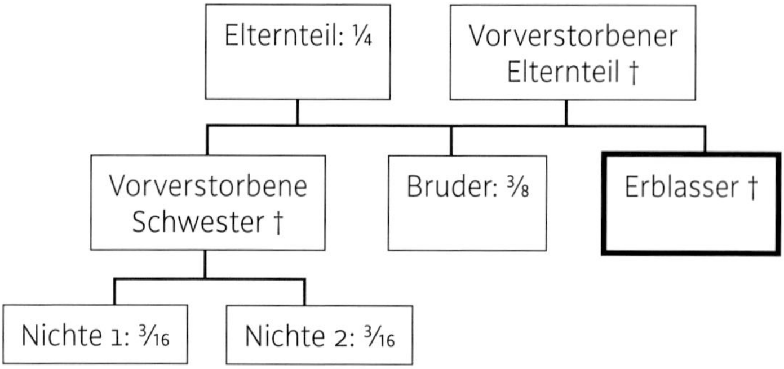

Hinterlässt der Erblasser Halbschwestern oder Halbbrüder (vom Gesetz „halbbürtig“ genannt, im Gegensatz zu den „vollbürtigen“ Geschwistern), geht die Erbschaft je zur Hälfte an die väterliche Linie und je zur Hälfte an die mütterliche Linie. Vollbürtige Geschwister, d.h. Geschwister, mit denen der Erblasser sowohl durch seine Mutter als auch durch seinen Vater blutsverwandt ist, erben sowohl in der väterlichen als auch in der mütterlichen Linie. Halbbürtige Geschwister erben nur in einer Linie, und zwar in derjenigen, in der sie mit dem Erblasser blutsverwandt sind. Sind nur Geschwister in einer Linie vorhanden, erben diese alles, unter Ausschluss aller anderen Verwandten der anderen Linie.

Bespiel 5: Der Erblasser hinterlässt einen Bruder, einen Halbbruder („HB") mütterlicherseits, drei Halbschwestern („HS1", „HS2" und „HS3") väterlicherseits sowie ein Bankkonto von 100.000 €. Die Erbschaft wird zwischen der väterlichen und der mütterlichen Linie je zur Hälfte geteilt. Der Bruder erbt in beiden Linien, d.h. er teilt sich die 50.000 € der mütterlichen Linie mit seinem Halbbruder (jeder erbt 25.000 €) und die 50.000 € der väterlichen Linie mit seinen drei Halbschwestern (jeder erbt 12.500 €), sodass der vollbürtige Bruder 37.500 €, der Halbbruder 25.000 € und jede Halbschwester 12.500 € erbt.

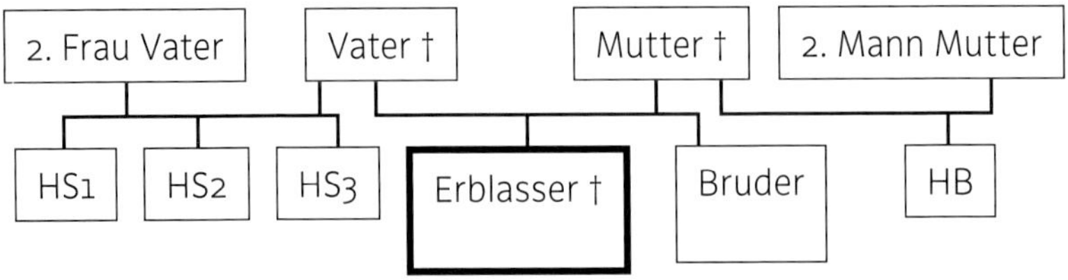

3. Der Erblasser hinterlässt weder Nachkommen noch Geschwister

Wenn der Erblasser keine Nachkommen und keine Geschwister hinterlässt, geht die Erbschaft je zur Hälfte an die väterliche Linie und je zur Hälfte an die mütterliche Linie.

Innerhalb jeder Linie erben die nächsten Verwandten, d.h. die mit dem kleinsten Verwandtschaftsgrad in der nächsten Erbfolgeordnung zum Erblasser.

Beispiel 6: Der Erblasser hinterlässt seine Großmutter väterlicherseits und zwei Tanten mütterlicherseits. Die Erbschaft wird in zwei Hälften geteilt: Eine Hälfte geht an die mütterliche und die andere Hälfte an die väterliche Linie. In der väterlichen Linie ist der nächste Verwandte die Großmutter. Sie erbt alles, was an diese Linie geht, d.h. 50% der Erbschaft. In der mütterlichen Linie stehen die beiden Tanten im kleinsten Verwandtschaftsgrad zu dem Erblasser. Folglich erben die beiden Tanten alles, was an diese Linie geht, d.h. 50% zusammen, bzw. jede Tante 25%.

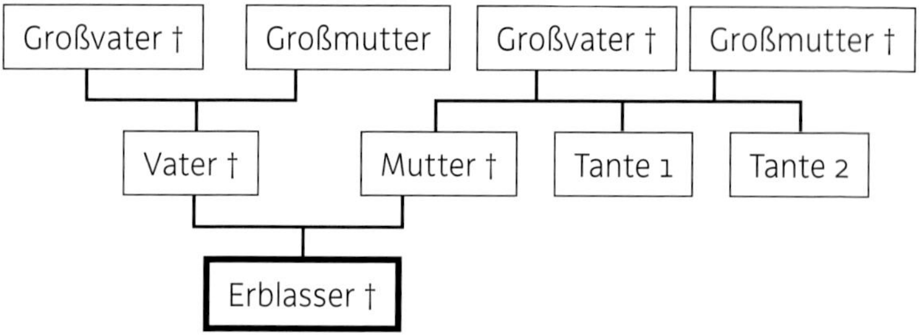

Wenn also ein Verwandter in aufsteigender Linie den Erblasser überlebt (Vater, Großmutter usw.), so bedeutet das nicht, dass dieser Verwandte automatisch Alleinerbe ist. Vielmehr geht die Erbschaft an diesen Verwandten in aufsteigender Linie zur Hälfte über (da er der nächste Verwandte in dieser Linie ist) und an den oder die nächsten Verwandten in der anderen Linie für die andere Hälfte.

Eine Ausnahme besteht, wenn ein Elternteil in einer Linie auf ein Familienmitglied der 4. Erbfolgeordnung der anderen Linie trifft. In diesem Fall erhält der überlebende Elternteil nicht nur die 50% der Erbschaft, die für diese Linie bestimmt sind, sondern zusätzlich noch den Nießbrauch über ⅓ der 50% der Erbschaft, die an die andere Linie geht.

> **Beispiel 7:** Der Erblasser hinterlässt seinen Vater sowie zwei Tanten mütterlicherseits. Die Erbschaft wird in zwei Linien gespalten – zwischen der väterlichen Linie und der mütterlichen Linie, wobei jeder Linie jeweils eine Hälfte der Erbschaft zusteht. Der Vater erbt nicht nur die 50% seiner Linie, sondern auch noch ⅓ des Nießbrauchs der mütterlichen Linie, der auf den Teil der beiden Tanten angerechnet wird.

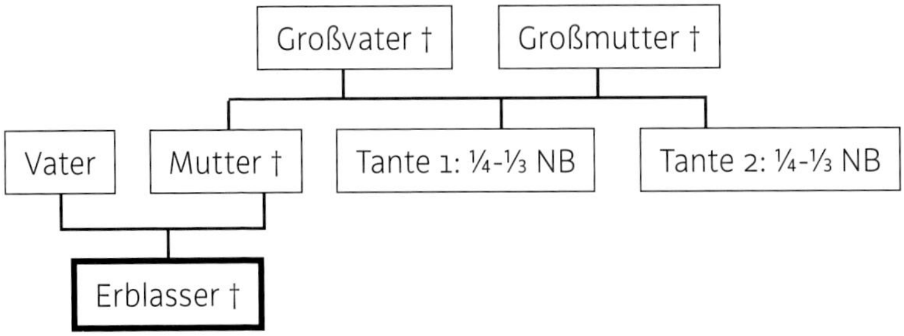

Nur wenn in einer Linie keine überlebenden Verwandten (bis zum 4. Grad einschließlich) bestehen, erbt die andere Linie alles.

Kapitel 2: Der Erblasser hinterlässt seinen Ehepartner

1. Der Erblasser hinterlässt seinen Ehepartner und Nachkommen

Die Erbschaft geht an den überlebenden Ehepartner für den Nießbrauch und an den (oder die) nächstverwandten Nachkommen im ungeteilten bloßen Eigentum über, in derselben Rangordnung wie unter Kapitel 1, Punkt 1 in diesem Teil 1 erklärt.

Beispiel 8: Der Erblasser hinterlässt seine Ehefrau, einen Sohn sowie seine beiden Eltern. Die überlebende Ehefrau erbt den Nießbrauch des gesamten hinterlassenen Vermögens und der Sohn erbt das bloße Eigentum dieses Vermögens. Die Eltern des Erblassers gehen leer aus, da sie als Mitglieder der dritten Erbfolgeordnung durch den Sohn (Mitglied der ersten Erbfolgeordnung) aus der Erbfolge verdrängt werden.

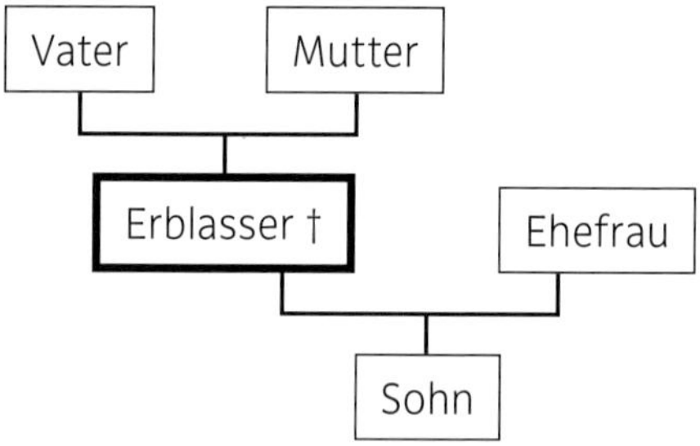

2. Der Erblasser hinterlässt seinen Ehepartner, jedoch keine Nachkommen

Hinterlässt der Erblasser seinen Ehepartner, jedoch keine Nachkommen, so wird der überlebende Ehepartner nicht automatisch Alleinerbe. Dies muss durch ein Instrument der Erbschaftsplanung veranlasst werden, z.B. Testament, Ehevertrag oder Schenkung auf den Längstlebenden (siehe dazu Teil 3 dieses Buches). Außerdem muss unterschieden werden, ob die Eheleute unter dem Güterstand der Gütergemeinschaft oder der Gütertrennung verheiratet waren.

a) Die Eheleute waren unter dem Güterstand der Gütertrennung verheiratet

Die im Miteigentum zwischen den Ehepartnern stehenden Werte (Immobilien, wie auch bewegliche Gegenstände) gehen im vollen Eigentum an den überlebenden Ehepartner. Der Nießbrauch des restlichen Erbschaftsvermögens geht ebenfalls an den überlebenden Ehepartner und das bloße Eigentum an den oder die nächsten Blutsverwandten, unter Anwendung der Erbfolgeordnung und unter Berücksichtigung des Verwandtschaftsgrades, wie in Kapitel 1 erklärt. Hinterlässt der Erblasser jedoch keine Blutsverwandten bis zur einschließlich dritten Erbfolgeordnung, so wird der überlebende Ehepartner für die gesamte Erbschaft im vollen Eigentum erbberechtigt.

Beispiel 9: Der Erblasser (kinderlos) hinterlässt seine Ehefrau (mit der er unter dem Güterstand der Gütertrennung verheiratet war) und zwei Schwestern. Die Eltern sind vorverstorben. Die Ehefrau erbt den Nießbrauch des hinterlassenen Vermögens und die beiden Schwestern erben zusammen das bloße Eigentum.

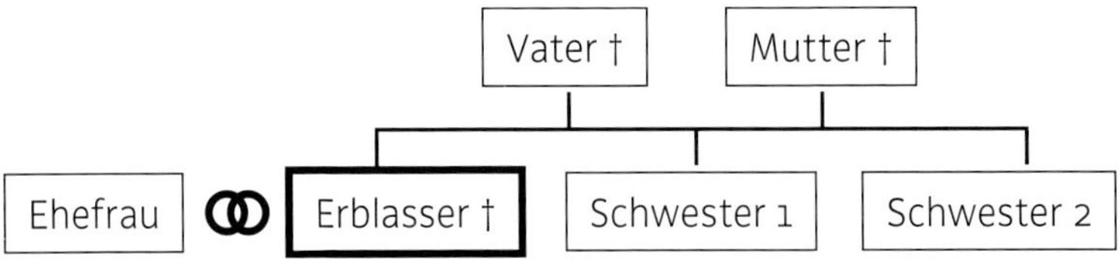

Beispiel 10: Der Erblasser hinterlässt kinderlos seine Ehefrau (mit der er unter dem Güterstand der Gütertrennung verheiratet war) und die beiden Kinder einer vorverstorbenen Cousine. Sämtliche andere Verwandte näheren Verwandtschaftsgrades sind vorverstorben. Die Ehefrau erbt das gesamte Vermögen, unter Ausschluss der Kinder der Cousine, da Letztere im fünften Verwandtschaftsgrad zum Erblasser stehen und somit nicht erbberechtigt sind.

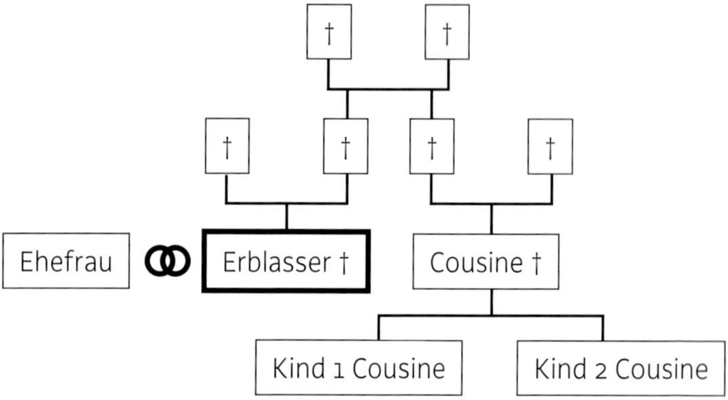

b) Die Eheleute waren unter dem Güterstand der Gütergemeinschaft verheiratet

Der überlebende Ehepartner erbt im vollen Eigentum das gemeinschaftliche Vermögen sowie alle im Miteigentum stehenden Werte. Für die Erbfolge des nicht im Miteigentum mit dem überlebenden Ehepartner stehenden Sondervermögens des Erblassers gelten die unter obigem Punkt a) erklärten Regeln: Der/die nächststehende/n Blutverwandte/n bis zur einschließlich dritten Erbfolgeordnung erben das Sondervermögen. Falls es keine Blutsverwandten bis zur einschließlich dritten Erbfolgeordnung gibt, erbt der überlebende Ehepartner ebenfalls das Sondervermögen des Erblassers, d.h., dass das gesamte Erbe an ihn geht.

Beispiel 11: Der Erblasser (kinderlos) hinterlässt seine Ehefrau (mit der er unter dem Güterstand der Gütergemeinschaft verheiratet war) und zwei Schwestern. Die Eltern sind vorverstorben. Die Ehefrau erbt das volle Eigentum des gemeinschaftlichen Vermögens und den Nießbrauch des Sondervermögens des Erblassers. Die beiden Schwestern des Erblassers erben zusammen das bloße Eigentum des Sondervermögens des Erblassers.

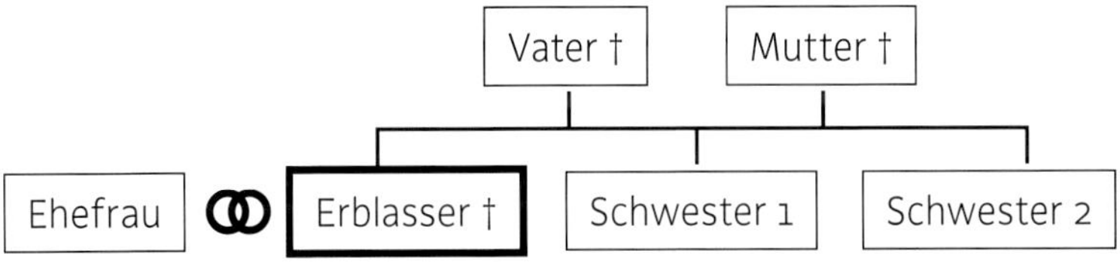

Die Höhe des Erbes des überlebenden Ehepartners im Vergleich zur Höhe des Erbes der Blutsverwandtschaft des Erblassers ist also in dieser Konstellation davon abhängig, ob die hinterlassenen Vermögenswerte sich primär im gemeinschaftlichen Vermögen der Eheleute oder im Sondervermögen des Erblassers befanden.

Kapitel 3: Der Erblasser hinterlässt seinen gesetzlich zusammenwohnenden Partner

Der hinterbliebene, gesetzlich zusammenwohnende Partner erhält den Nießbrauch der Immobilie, die während des Zusammenwohnens mit dem Erblasser als gemeinsamer Wohnort diente, sowie des in dieser Immobilie vorhandenen, dem Erblasser gehörenden Hausrats. Ist die Immobilie, die während des Zusammenwohnens mit dem Erblasser als gemeinsamer Wohnort diente, auf den Namen des Erblassers gemietet, so erhält der hinterbliebene, gesetzlich Zusammenwohnende das Mietrecht, sowie den Nießbrauch des Hausrats.

Die Erbfolge bezüglich des bloßen Eigentums dieser Immobilie sowie sämtlicher anderer Güter, die der Erblasser hinterlässt, wird aufgrund der in Kapitel 1 erklärten Regeln der gesetzlichen Erbfolge ermittelt.

Beispiel 12: Der Erblasser hinterlässt zwei Kinder aus erster Ehe sowie seine neue Partnerin, mit der er gesetzlich zusammenwohnt. Die Erbschaft umfasst, neben der als gemeinsamen Wohnort dienenden Immobilie, noch zwei weitere Immobilien sowie ein Aktienpaket und ein Bankkonto. Unter der gesetzlichen Erbfolge erbt der hinterbliebene, gesetzlich Zusammenwohnende den Nießbrauch der Immobilie, die als gemeinsamer Wohnort diente. Die beiden Kinder erben zusammen das bloße Eigentum dieser Immobilie und das volle Eigentum der anderen Immobilien, des Aktienpakets und des Bankkontos.

TEIL 2 – Wie hoch ist die Erbschaftsteuer und wie wird sie berechnet?

In diesem zweiten Teil erkläre ich, wie die Erbschaftsteuer berechnet wird. Neben den Besteuerungsprozentsätzen pro Tranche und pro Verwandtschaftsgrad, die in Kapitel 2 erklärt werden, sieht das Erbschaftsteuerrecht der Wallonischen Region, der Brüsseler Region und der Flämischen Region eine Vielzahl von Sonderregelungen und Reduzierungen vor. Auf die wichtigsten bzw. häufigsten Sonderregelungen und Reduzierungen werde ich in Kapitel 3 dieses Teil 2 eingehen.

Dieser zweite Teil des Buches dient gleichzeitig zur Vorbereitung auf den dritten Teil des Buches (die eigentliche Erbschaftsplanung): Wenn Sie anhand dieses Teils verstanden haben, wie die Erbschaftsteuer prinzipiell berechnet wird, werden Sie im dritten Teil verstehen können, welche Maßnahmen sich anbieten, um eine zukünftige Erbschaft steuergünstiger aufzustellen.

Kapitel 1: Berechnung der Erbschaftsteuer

Die Erbschaftsteuer wird auf den Nettoanteil, den der Erbberechtigte aus dem Vermögen des Erblassers erbt, berechnet. Bei dem Geerbten wird (im Gegensatz zu Schenkungen, siehe Teil 3, Kapitel 3, Punkte 2 und 3) *nicht unterschieden zwischen beweglichen oder unbeweglichen Gegenständen*. Sämtliche Güter fallen in die Erbmasse, und der Wert dieser Güter wird versteuert (unter Berücksichtigung der in Punkt 3 dieses Kapitels erwähnten Ausnahmen).

Die Höhe der zu leistenden Erbschaftsteuer ist abhängig von vier Parametern: (i) dem Verwandtschaftsgrad zwischen dem Erblasser und dem Erben, (ii) der Höhe des vererbten Vermögens, (iii) der Art des Vermögenswertes, der geerbt wird und (iv) der Region Belgiens, in der der Erblasser in den letzten fünf Jahren vor seinem Ableben mehrheitlich wohnhaft war.

1. Der Verwandtschaftsgrad zwischen dem Erblasser und dem Erben

Je entfernter der Erbberechtigte mit dem Erblasser verwandt war, desto höher ist die Erbschaftsteuer. Während z.B. ein Kind des Erblassers auf ein geerbtes Barvermögen im Wert von 200.000 € in der Wallonischen Region Erbschaftsteuern in Höhe von 17.250 € zahlt, so müsste ein Bruder oder eine Schwester für denselben Wert 89.375 € Erbschaftsteuern zahlen.

2. Die Höhe des vererbten Vermögens

Innerhalb jeder Verwandtschaftsgradkategorie steigern sich Besteuerungssätze mit dem Wert des Geerbten. So wird z.B. bei einem Erbe in direkter Linie in der Wallonischen Region die Tranche zwischen 50.000 und 100.000 € mit 7% besteuert, während die Tranche zwischen 250.000 und 500.000 € mit 24% besteuert wird.

Das Vererbte setzt sich aus allen Werten (Immobilien, Bankkonten, Schulden, Wertgegenständen usw.) zusammen, die sich am Todestag im Vermögen des Erblassers befanden, sowie – in Ausnahmefällen – aus Werten, die dieses Vermögen unter gewissen Umständen zu Lebzeiten des Erblassers verlassen haben (siehe Kapitel 4 in diesem Teil 2).

Wichtig ist zu verstehen, dass der Besteuerungsprozentsatz nicht einheitlich ist, sondern jede Tranche ausgeschöpft wird.

> **Beispiel 13:** Ein Witwer aus Amel vermacht seiner Tochter ein Ferienhaus in De Haan (Wert: 400.000 €) und ein Bankkonto von 101.000 €. Die Steuer beträgt nicht 30% auf den Gesamtwert von 501.000 € (d.h. 150.300 € insgesamt), sondern 86.925 €, da jede Tranche mit dem jeweils anwendbaren Satz besteuert wird, und somit nur 1.000 € an 30% versteuert werden (für die anwendbaren Prozentsätze, siehe Tabelle in Kapitel 2, Punkt 1 in diesem Teil 2).

3. Die Art des Vermögenswertes, der vererbt wird

Der dritte Parameter ist die *Art des Vermögenswertes*, der vererbt wird. Anders als für die Berechnung der Schenkungssteuer, die für bewegliche Güter bedeutend günstiger ist als für Immobilien, unterscheidet die Erbschaftsteuer – wie bereits erwähnt – nicht zwischen beweglichen Gütern und Immobilien: Der Wert sämtlicher hinterlassener Güter wird addiert, und auf diesen Wert wird der in Kapitel 2 erklärte Besteuerungsprozentsatz angewandt, um die Summe der Erbschaftsteuer zu ermitteln.

Dieser Grundsatz hat zwei Ausnahmen: Die Familienwohnung und das Betriebsvermögen sind, falls die gesetzlichen Bedingungen erfüllt sind, einem gesonderten Steuersatz unterworfen bzw. von der Besteuerung freigestellt (siehe Kapitel 3, Punkte 2 bis 7 in diesem Teil 2).

4. Die Region Belgiens, in der der Erblasser in den letzten fünf Jahren vor seinem Ableben mehrheitlich wohnhaft war

Der vierte und letzte für die Höhe der Erbschaftsteuer ausschlaggebende Parameter ist die *Region Belgiens*, in der der Erblasser in den letzten fünf Jahren vor seinem Ableben mehrheitlich wohnhaft war. Da jede Region teilweise verschiedene Besteuerungsprozentsätze, Sonderregelungen, Reduzierungen und Freibeträge hat, muss in jedem Einzelfall ermittelt werden, ob man die Steuertabellen in der Wallonischen Region, der Brüsseler Region oder der Flämischen Region zurate zieht (siehe nächstes Kapitel).

Kapitel 2: Besteuerungsprozentsätze

1. Wallonische Region

Wenn der Erblasser in den letzten fünf Jahren vor seinem Ableben mehrheitlich in der Wallonischen Region wohnhaft war, gehen die Besteuerungsprozentsätze pro Verwandtschaftsgradkategorie aus den nachstehenden Tabellen hervor, wobei – und hier wiederhole ich mich gern, weil es wichtig ist – jede Tranche ausgeschöpft wird.

Nettobesteuerungs-tranche pro Erbe	Steuersatz in direkter Linie (Kinder, Enkelkinder, ...), zwischen Eheleuten und gesetzlich Zusammenwohnenden
Von 0 bis 12.500 €	3%
Von 12.500 bis 25.000 €	4%
Von 25.000 bis 50.000 €	5%
Von 50.000 bis 100.000 €	7%
Von 100.000 bis 150.000 €	10%
Von 150.000 bis 200.000 €	14%
Von 200.000 bis 250.000 €	18%
Von 250.000 bis 500.000 €	24%
Alles über 500.000 €	30%

Nettobesteuerungs-tranche pro Erbe	Steuersatz		
	Für Geschwister	Für Onkel/ Tanten, Neffen/ Nichten	Für alle anderen, verwandt oder nicht
Von 0 bis 12.500 €	20%	25%	30%
Von 12.500 bis 25.000 €	25%	30%	35%
Von 25.000 bis 75.000 €	35%	40%	60%
Von 75.000 bis 175.000 €	50%	55%	80%
Alles über 175.000 €	65%	70%	80%

2. Brüsseler Region

Wenn der Erblasser in den letzten fünf Jahren vor seinem Ableben mehrheitlich in der Brüsseler Region wohnhaft war, gehen die Besteuerungsprozentsätze pro Verwandtschaftsgradkategorie aus den folgenden Tabellen hervor:

Nettobesteuerungstranche pro Erbe	Steuersatz in direkter Linie (Kinder, Enkelkinder ...), zwischen Eheleuten und gesetzlich Zusammenwohnenden
Von 0 bis 50.000 €	3%
Von 50.000 bis 100.000 €	8%
Von 100.000 bis 175.000 €	9%
Von 175.000 bis 250.000 €	18%
Von 250.000 bis 500.000 €	24%
Alles über 500.000 €	30%

Nettobesteuerungstranche pro Erbe	Steuersatz für Geschwister
Von 0 bis 12.500 €	20%
Von 12.500 bis 25.000 €	25%
Von 25.000 bis 50.000 €	30%
Von 50.000 bis 100.000 €	40%
Von 100.000 bis 175.000 €	55%
Von 175.000 bis 250.000 €	60%
Alles über 250.000 €	65%

Nettobesteuerungstranche aller Erben dieser Kategorie	Steuersatz für Onkel/Tanten, Neffen/Nichten
Von 0 bis 50.000 €	35%
Von 50.000 bis 100.000 €	50%
Von 100.000 bis 175.000 €	60%
Alles über 175.000 €	70%

Nettobesteuerungstranche aller Erben dieser Kategorie	Steuersatz für alle anderen, verwandt oder nicht
Von 0 bis 50.000 €	40%
Von 50.000 bis 75.000 €	55%
Von 75.000 bis 175.000 €	65%
Alles über 175.000 €	80%

3. Flämische Region

Wenn der Erblasser in den letzten fünf Jahren vor seinem Ableben mehrheitlich in der Flämischen Region wohnhaft war, gehen die Besteuerungsprozentsätze pro Verwandtschaftsgradkategorie aus den folgenden Tabellen hervor:

Nettobesteuerungstranche pro Erbe	Steuersatz in direkter Linie, zwischen Eheleuten und gesetzlich Zusammenwohnenden*
Von 0 bis 50.000 €	3%
Von 50.000 bis 250.000 €	9%
Alles über 250.000 €	27%

* Diese Steuersätze sind in der Flämischen Region ebenfalls anwendbar für den nichtgesetzlich, d.h. faktisch Zusammenwohnenden, vorausgesetzt er kann belegen, dass das Zusammenwohnen sich über einen ununterbrochenen Zeitraum von mindestens einem Jahr vor dem Todestag erstreckt hat.

Nettobesteuerungstranche pro Erbe	Steuersatz	
	Für Geschwister	Für alle anderen, verwandt oder nicht
Von 0 bis 35.000 €	25%	25%
Von 35.000 bis 75.0000 €	30%	45%
Alles über 75.000 €	55%	55%

Kapitel 3: Sonderfälle, Freistellungen und Ermäßigungen in der Erbschaftsteuer

In diesem Kapitel erkläre ich einige Sonderfälle und Situationen, in denen es zu Freistellungen oder Ermäßigungen der Erbschaftsteuer in der Wallonischen, Brüsseler oder Flämischen Region kommt. Die aufgeführten Fälle sind nicht umfassend, sondern dienen dem allgemeinen Verständnis, wie die Erbschaftsteuer berechnet wird.

1. Allgemeine Freibeträge

Die Freibeträge in Belgien sind im Vergleich zu denen unserer deutschen Nachbarn extrem gering (für einen Vergleich zwischen Belgien und Deutschland, siehe Teil 4, Kapitel 1).

Für Erben in direkter Linie sowie Ehepartner und gesetzlich Zusammenwohnende beträgt der Freibetrag pro Person 12.500 € (in der Wallonischen Region) bzw. 15.000 € (in der Brüsseler Region).

In der Wallonischen Region kommt ein zusätzlicher Freibetrag von 12.500 € zur Geltung, falls der Anteil eines Erben in direkter Linie den Wert von 125.000 € nicht übersteigt.

Kinder unter 21 Jahren, die von ihren Eltern erben, genießen in der Wallonischen und in der Brüsseler Region einen zusätzlichen Freibetrag von 2.500 € pro ganzes Jahr, das zwischen ihrem Alter am Todestag des Elternteils und ihrem 21. Lebensjahr liegt. Der Freibetrag zugunsten des überlebenden Ehepartners oder gesetzlich Zusammenwohnenden wird in diesem Fall um die Hälfte der Freibeträge der Kinder erhöht, die der überlebende Ehepartner oder gesetzlich Zusammenwohnende zusammen mit dem Erblasser hatte.

Die anderen Erbberechtigten, verwandt oder nicht, sind nur von der Erbschaftsteuer freigestellt, wenn der Wert der gesamten Erbschaft nicht 620 € (in der Wallonischen Region) bzw. 1.250 € (in der Brüsseler Region) übersteigt.

Die allgemeinen Freibeträge in der Flämischen Region befinden sich in einer ähnlichen Größenordnung, ihre Errechnung unterliegt jedoch komplizierten Formeln, auf die ich hier nicht näher eingehen möchte.

2. Familienwohnsitz in der Wallonischen Region

a) Freistellung

In der Wallonischen Region ist der *Nettoanteil* (d.h. abzüglich der Schulden, die für das Erwerben oder Erhalten dieser Immobile gemacht wurden, sowie ggf. andere Schulden, die nach Anrechnung auf den restlichen Erbteil noch blieben) des *Familienwohnsitzes* (d.h. der gemeinsame Wohnsitz des Paares, oder der letzte gemeinsame Wohnsitz des Paares, falls das Zusammenwohnen wegen höherer Gewalt (insbesondere Pflegenotwendigkeit) zum Todestag nicht mehr möglich war) für den *Ehepartner oder den gesetzlich zusammenwohnenden Partner* gänzlich von der Erbschaftsteuer befreit.

Beispiel 14: Der Ehemann in einem kinderlosen Paar hinterlässt einen wunderschönen Familienwohnsitz in Hauset (Wert 800.000 €). Die Eheleute haben sich aufgrund einer Schenkung auf den Längstlebenden (siehe Teil 3, Kapitel 4, Punkt 6) gegenseitig als Erben eingesetzt. In diesem Fall sind die gesetzlichen Bedingungen erfüllt: Die überlebende Ehefrau wird für das geerbte Haus keine Erbschaftsteuer zahlen müssen.

Diese gänzliche Befreiung von der Erbschaftsteuer zwischen Eheleuten auf den Familienwohnsitz in der Wallonischen Region ist neu: Sie ist zum 1. Januar 2018 in Kraft getreten. Vorher unterlag die Vererbung des Familienwohnsitzes, wie für die Erben in direkter Linie, einem vergünstigten Steuersatz (siehe b) hiernach), jedoch nicht einer gänzlichen Befreiung.

b) Vergünstigter Steuersatz

Der Familienwohnsitz kann auch in direkter Linie günstiger vererbt werden. Zwar nicht steuerfrei, jedoch unter den folgenden vergünstigten Prozentsätzen. Die Besteuerungssätze sind progressiv pro Tranche gestaffelt, ansteigend mit dem Wert der hinterlassenen Familienwohnung. Wie immer wird jede Tranche ausgeschöpft.

Nettobesteuerungstranche	Steuersatz in direkter Linie
Von 0 bis 25.000 €	1%
Von 25.000 bis 50.000 €	2%
Von 50.000 bis 175.000 €	5%
Von 175.000 bis 250.000 €	12%
Von 250.000 bis 500.000 €	24%
Über 500.000 €	30%

Die folgenden vier Bedingungen müssen erfüllt sein, um in den Genuss der verringerten Besteuerung zu kommen:

- Die Erbschaft muss mindestens einen Teil im vollen Eigentum umfassen. Wird also nur das bloße Eigentum vererbt, ist die Sonderregelung nicht anwendbar.
- Die Immobilie muss ganz oder teilweise dem *Wohnzweck* dienen.
- Die Immobilie muss in der *Wallonischen Region* gelegen sein.
- Der Erblasser muss seinen *Hauptwohnsitz* (außer im Fall von höherer Gewalt, z.B. Umzug in ein Altenheim oder aufgrund von Pflegebedürftigkeit) seit mindestens fünf Jahren in dieser Immobilie gehabt haben.

Alle anderen Erben, verwandt oder nicht, außer die in direkter Linie, sind dem gewöhnlichen Steuersatz (wie in Kapitel 2 aufgeführt) unterworfen.

Beispiel 15: Eine Witwe aus Raeren verstirbt und vererbt ihrem einzigen Kind ein Vermögen von 250.000 €, bestehend aus der Familienwohnung, die ihr Alleineigentum war (Wert 175.000 €) und 75.000 € auf ihren Bankkonten.

Auf die Familienwohnung zahlt die Tochter Erbschaftsteuern wie in der Tabelle oben erklärt, d.h. 1% auf die Tranche bis 25.000 €, 2% auf die Tranche von 25.000 € bis 50.000 € und 5% auf die Tranche von 50.000 € bis 175.000 € (somit insgesamt 7.000 €). Auf die zusätzlich vererbten 75.000 € (Bankkonto) zahlt die Tochter die Steuern wie in Kapitel 2 erklärt, jedoch nicht in der kleinsten Tranche beginnend, sondern in der Tranche zwischen 150.000 € und 200.000 € (da der Wert der Familienwohnung, die ja separat besteuert wurde, berücksichtigt werden muss), also 14% auf 25.000 € (Tranche 150.000 € bis 200.000 €) und 18% auf 50.000 € (Tranche 200.000 € bis 250.000 €), zusammen 12.500 €. Die Erbschaftsteuer beträgt also 7.000 € (Familienwohnung) + 12.500 € (auf das Barvermögen), macht 19.500 € insgesamt.

3. Familienwohnung in der Brüsseler Region

a) Freistellung

Die Regeln der Freistellung des Familienwohnsitzes bestanden in der Brüsseler Region bereits länger als in der Wallonischen Region. Letztere hat die gänzliche Freistellung – wie bereits erwähnt – erst zum 1. Januar 2018 eingeführt.

Die Bedingungen in der Brüssel Region und der Wallonischen Region (siehe Punkt 2 a) in diesem Kapitel 3) sind dieselben, außer dass die Brüsseler Region den gesetzlich Zusammenwohnenden nur in den Genuss der Steuerbefreiung kommen lässt, wenn dieser nicht Nachkomme, Neffe/Nichte oder Tante/Onkel des Erblassers ist.

Beispiel 16: Eine ältere kinderlose Dame hat ein schönes großes Haus, in dem sie wohnt und das sie ihrer Lieblingsnichte vermachen möchte. Wie in Teil 2, Kapitel 1, Punkt 1 erklärt, ist der Steuersatz für Neffen und Nichten recht hoch (Kategorie 3 von 4). Um diesem hohen Steuersatz aus dem Weg zu gehen, lassen sich Tante und Nichte als gesetzlich Zusammenwohnende in dem besagten Haus eintragen. Stirbt die Tante, und die Immobilie liegt z.B. in Namür (Wallonische Region), fällt für die Nichte keine Erbschaftsteuer an, da sie, als gesetzlich Zusammenwohnende, in den Genuss der Freistellung kommt. Liegt die Immobilie z.B. in Uccle (Brüsseler Region), kommt sie nicht in den Genuss der Freistellung, da sie als Nichte von der Freistellung des überlebenden gesetzlich Zusammenwohnenden ausgeschlossen ist.

b) Vergünstigter Steuersatz

Wenn:

- die Erbschaft mindestens einen Teil im vollen Eigentum des Familienwohnsitzes (siehe Punkt 2 a) für die Definition) umfasst,
- die Immobilie dem Erblasser in den letzten fünf Jahren vor seinem Ableben als *Hauptwohnsitz* in der Brüsseler Region diente (außer im Fall von höherer Gewalt – siehe Punkt 2 a)), und
- diese Immobilie in direkter Linie vererbt wird und/oder an einen gesetzlich Zusammenwohnenden, der nicht in den Genuss der gänzlichen Freistellung unter Punkt 3 a) oben kommen kann, ist die Erbschaftsteuer, die auf diese Familienwohnung berechnet wird, wie folgt gestaffelt:

Nettobesteuerungstranche	Steuersatz in direkter Linie und für gesetzlich Zusammenwohnende, die nicht die Freistellung genießen
Von 0 bis 50.000 €	2%
Von 50.000 bis 100.000 €	5,3%
Von 100.000 bis 175.000 €	6%
Von 175.000 bis 250.000 €	12%

4. Familienwohnsitz in der Flämischen Region

Die Flämische Region hat bereits 2007 die Befreiung des Familienwohnsitzes von der Erbschaftsteuer für den Ehepartner oder überlebenden Partner eingeführt.

Im Gegensatz zu den beiden anderen Regionen Belgiens kommt der *faktisch zusammenwohnende Partner* (d.h. der Partner, der mit dem Verstorbenen zusammenwohnte, ohne eine Erklärung des gesetzlichen Zusammenlebens bei der Gemeinde abgegeben zu haben) in der Flämischen Region ebenfalls in den Genuss der Freistellung, vorausgesetzt er ist nicht mit dem Verstorbenen in direkter Linie verwandt (oder assimiliert) und kann nachweisen, dass er über einen ununterbrochenen Zeitraum von mindestens drei Jahren vor dem Todesfall mit dem Verstorbenen in einem Haushalt zusammengelebt hat.

Einen vergünstigten Steuersatz der Familienwohnung für Nachkommen gibt es jedoch in der Flämischen Region, im Vergleich zu den beiden anderen Regionen, nicht.

5. Betriebsvermögen steuerfrei vererben – Wallonische Region

Ein Betriebsvermögen (der Betrieb oder die Anteile/Aktien der Gesellschaft, die die Aktivität betreibt) kann – unter Einhaltung gewisser Bedingungen – steuerfrei vererbt werden. Hintergrund dieser Vergünstigung ist der Wille des Gesetzgebers, Situationen zu vermeiden, in denen die Erben einen funktionierenden Betrieb aufgeben und verkaufen müssten, um die Erbschaftsteuer bezahlen zu können.

a) Was kann steuerfrei vererbt werden?

Folgendes kann, mittels Einhaltung der unter b) aufgeführten Bedingungen, in den Genuss von dieser Sonderregelung kommen:

(i) Die *Gesamtheit von Gütern* eines Geschäftsvermögens, mittels dem der Verstorbene, allein oder zusammen mit anderen Personen, eine industrielle, gewerbliche, handwerkliche, land- oder wirtschaftliche Tätigkeit oder einen Freiberuf (Arzt, Rechtsanwalt usw.) ausübte.

Es geht also um einen Betrieb, der nicht im Rahmen einer Gesellschaft (GmbH, AG usw.) geführt wird, sowie um sämtliche Gegenstände (Maschinen, Immobilien (ausgenommen Wohnzweck), Material usw.), die dem Betrieb dienen.

(ii) *Aktien oder Gesellschaftsanteile einer Gesellschaft* aus dem Europäischen Wirtschaftsraum, die einer unter (i) erwähnten Tätigkeit nachgeht.

b) Welches sind die Bedingungen?

Der Betrieb oder die Gesellschaft, die der Aktivität nachgeht, muss *entweder* Personal unter Arbeitsvertrag eingestellt haben *oder* der Verstorbene muss der Betreiber sein, allein oder zusammen mit seinem Ehepartner, seinem gesetzlich zusammenwohnenden Partner, Verwandte ersten Grades sowie deren Partner, die zum Todestag bei einer Sozialkasse für Selbstständige angemeldet waren.

Außerdem muss der Betrieb oder die Gesellschaft noch während *fünf Jahren nach der Erbschaft:*

a) *weiter geführt werden,*
b) mindestens *75% der Belegschaft* aufrechterhalten werden, und
c) müssen die *investierten Summen* innerhalb dieser fünf Jahre nicht reduziert werden bzw. darf der Betrieb oder die Gesellschaft nicht verkauft werden.

Diese Steuerbefreiung ist nicht automatisch anwendbar. Sie muss durch die Erben bei der Wallonischen Region beantragt werden – aufgrund eines speziellen Antragsformulars, das der Notar Ihrer Wahl für Sie vorbereiten und vervollständigen wird.

Sind diese Bedingungen erfüllt, so kann die Erbschaft in der Tat *steuerfrei* stattfinden, ohne dass der Begünstigte in irgendeinem Verwandtschaftsgrad zum Erblasser stehen muss.

6. Landwirtschaftliche Flächen steuerfrei vererben – Wallonische Region

Landwirtschaftliche Flächen können ebenfalls unter gewissen Bedingungen steuerfrei vererbt werden.

Zwei Situationen werden unterschieden:

a) Die Flächen sind Teil eines durch den Erblasser geführten Betriebs

In dieser Situation werden die Flächen als Teil des Betriebs steuerfrei vererbt, unter den Bedingungen wie im vorherigen Punkt 5 in diesem Kapitel 3 erklärt.

b) Die Flächen sind nicht Teil eines durch den Erblasser geführten Betriebs

In diesem Fall können die Flächen trotzdem steuerfrei vererbt werden, wenn folgende Bedingungen erfüllt sind:

(i) Es muss sich um *landwirtschaftlichen* Grund handeln, d.h. man kann diese Bestimmung nicht nutzen um z.B. Bauland steuerfrei zu vererben.

(ii) Die Flächen müssen *Gegenstand eines landwirtschaftlichen Pachtvertrags* sein. Ziel der Bestimmung ist es, das Fortführen der landwirtschaftlichen Aktivität zu gewährleisten, nicht Vermögensanlagen von der Steuer zu befreien. Deswegen gilt die Steuerbefreiung nicht, wenn der Erblasser die Flächen als Geldanlage geführt hat, ohne sie mit einem Pachtvertrag belastet zu haben.

(iii) Die Flächen müssen in direkter Linie (oder an den Ehepartner oder den gesetzlich zusammenwohnenden Partner) und/oder den Betreiber oder Co-Betreiber der Flächen vermacht werden.

(iv) Die Verpachtung muss noch während *fünf Jahren nach der Erbschaft* weitergeführt werden bzw. dürfen die Flächen innerhalb dieser fünf Jahre *nicht veräußert* werden.

Beispiel 17: Ein Landwirt im Ruhestand verstirbt und hinterlässt 8 Hektar landwirtschaftliche Fläche, im Wert von 200.000 €. Die Fläche ist an seinen Neffen verpachtet, der den Betrieb mit seiner Ehefrau weiterführt, seitdem der Bauer in den Ruhestand getreten ist. Wenn der Bauer dem Neffen (und ggf. seiner Frau) die 8 Hektar vermacht, fällt *keine Erbschaftsteuer* an, vorausgesetzt der Betrieb wird während der fünf Jahre mindestens im selben Umfang aufrechterhalten.

Diese Erweiterung der Regelung der steuerfreien Übertragung von Betriebsvermögen auf Agrarland durch Landwirte findet sehr viel Zuspruch: Wurden vor der Erweiterung jährlich etwa 60 Anträge bei der Wallonischen Region eingereicht, so sind es seit der Erweiterung durchschnittlich 380 Anträge.

7. Betriebsvermögen steuerfrei/steuergünstig vererben – Brüsseler und Flämische Region

Die Bedingungen in der Brüsseler und der Flämischen Region unterscheiden sich von denen der Wallonischen Region, der Hintergrund bzw. das Ziel der Gesetzgebung über diese vergünstigte Besteuerung ist jedoch der- bzw. dasselbe: zu vermeiden, dass eine zu hohe Erbschaftsteuer die Erben des Betriebs dazu zwingt, diesen zu schließen, ihn zu zerstückeln oder zu verkaufen, jeweils mit der Konsequenz, dass Arbeitsplätze verloren gehen.

8. Vermächtnisse an gemeinnützige Einrichtungen

Vermächtnisse an gemeinnützige Einrichtungen sind den nachfolgenden, linearen/gleichbleibenden Sondersteuersätzen unterworfen.

(i) In der Wallonischen Region

5,5% für Vermächtnisse u.a. an Provinzen, Gemeinden und provinziale oder kommunale öffentliche Einrichtungen (z.B. das öffentliche Sozialhilfe Zentrum (ÖSHZ/CPAS)).

7% für Vermächtnisse u.a. an Vereine ohne Gewinnerzielungsabsicht (VoG), Krankenkassen oder private bzw. öffentliche Stiftungen.

(ii) In der Brüsseler Region

6,6% für Vermächtnisse u.a. an Gemeinden der Brüsseler Region, deren öffentliche Einrichtungen oder an öffentliche Stiftungen.

12,5% für Vermächtnisse an Vereine ohne Gewinnerzielungsabsicht (VoG), die die föderale Anerkennung erhalten haben.

25% für Vermächtnisse u.a. an Vereine ohne Gewinnerzielungsabsicht (VoG), die die föderale Anerkennung nicht erhalten haben, oder an private Stiftungen.

(iii) In der Flämischen Region

8,5% für Vermächtnisse u.a. an öffentliche Institutionen (Gemeinschaften, Regionen, Provinzen usw.) und Einrichtungen (ÖSHZ, Krankenkassen, Berufsvereinigungen usw.) sowie Vereine ohne Gewinnerzielungsabsicht (VoG).

9. Andere Reduzierungen und Freistellungen

Das Gesetz sieht weitere Reduzierungen bzw. Freistellungen vor, auf die ich in diesem Buch nicht näher eingehen werde, z.B. wenn die vererbten Güter mehrmals in einem Jahr vererbt werden, einer der Erben mehr als drei Kinder unter 21 Jahren hat, bei denkmalgeschützten Immobilien oder bei Land im Natura-2000-Gebiet. Auf alle möglichen Reduzierungen in den drei Regionen Belgiens einzugehen würde den Rahmen dieses Buches sprengen.

Kapitel 4: Fälle, in denen die Erbmasse zu Besteuerungszwecken fiktiv erhöht wird

Die Erbmasse setzt sich aus den Vermögenswerten zusammen, die *am Todestag* das Vermögen des Verstorben bilden (z.B. Konten auf seinem Namen, Immobilien, Kredite, Hausrat usw.). Demnach sind sämtliche Güter, die *zu Lebzeiten* das Vermögen des Erblassers verlassen haben, *nicht* Teil der Erbmasse, und folglich nicht der Erbschaftsteuer unterworfen.

Dieser Grundsatz kennt jedoch Ausnahmen, in denen also Güter, die laut Verfügung zu Lebenszeiten (Schenkung, Verkauf usw.) das Vermögen des Erblassers verlassen haben, fiktiv – und nur für die Erhebung der Erbschaftsteuer, nicht zivilrechtlich bzw. in der Auseinandersetzung zwischen den Erben – als sich noch in der Erbmasse befindlich angesehen werden. Demnach wird auf diese Güter ebenfalls Erbschaftsteuer erhoben.

Diese nachgenannten Ausnahmen haben alle als Ziel, Werte zu besteuern, die die Steuergesetzgebung als „betrügerisch aus dem Vermögen des Erblassers entwendet" ansieht.

1. Werte, die das Vermögen des Erblassers ohne Entgelt in den drei Jahren vor dem Tod verlassen haben

Werte, die das Vermögen des Erblassers *ohne Entgelt* (d.h. ohne Erhalt einer Gegenleistung – z.B. das gekaufte Objekt als Gegenleistung für den gezahlten Preis) in den drei Jahren vor dem Tod verlassen haben, *ohne* dass diesbezüglich eine *Schenkungssteuer* gezahlt wurde, werden als testamentarische Verfügung angesehen, und der Erbschaftsteuer unterworfen.

Sinn und Zweck dieser Steuermaßnahme ist es zu verhindern, dass eine im Sterben liegende Person quasi mit dem letzten Atemzug ihr Vermögen an die zukünftigen Erben verteilt (z.B. das gesamte Guthaben auf dem Bankkonto) und somit an der Schenkungs- und Erbschaftsteuer vorbeischleust.

Um dem entgegenzuwirken, vermutet die Steuerverwaltung unwiderruflich, dass die begünstigten Personen die entsprechenden Werte als testamentarische Verfügung erhalten haben, worauf Erbschaftsteuern zu zahlen sind.

Um dieser Maßnahme auszuweichen, reicht es nicht aus, dass z.B. Geld einfach bar abgehoben und verteilt wird, und somit der Begünstigte nicht zu ermitteln ist. Wenn der Begünstigte nicht zu ermitteln ist, müssen die Erben bzw. der Universalvermächtnisnehmer die entsprechende Erbschaftsteuer zahlen (auch wenn sie die Summen vielleicht gar nicht erhalten haben, sondern jemand anders, der nicht ermittelt werden konnte).

Den einzigen Beweis, den die Steuerverwaltung vorbringen muss, ist, dass Werte das Vermögen des Erblassers in den drei Jahren vor dem Tod verlassen haben. Bei Barabhebungen oder Überweisungen ist dieser Beweis sehr einfach zu erbringen. Um dann eine Besteuerung zu vermeiden, müssen die Begünstigten bzw. Erben beweisen können, dass die Summen das Vermögen des Erblassers nicht ohne Entgelt verlassen haben, sondern z.B. für die Pflege und den Lebensunterhalt des Erblassers gebraucht wurden.

Die 3-Jahresfrist ist in der Wallonischen Region seit dem 1. Januar 2022 auf fünf Jahre angehoben worden. Maßgebend ist der Moment, an dem der Wert das Vermögen des Erblassers vor dessen Tod verlassen hat. Wenn dies vor dem 1. Januar 2022 war, muss der zukünftige Erblasser noch drei Jahre leben damit der Wert nicht Teil der Besteuerungsgrundlage der Erbschaftsteuer wird. Geschah dies nach dem 1. Januar 2022, sind es fünf Jahre.

Zum Verständnis verweise ich auch auf das Schema am Ende von Teil 3, Kapitel 3, Punkt 3.

So können von dieser Besteuerung z.B. folgende Situationen betroffen sein:

- Barabhebungen über Summen, die die üblichen Lebenskosten übersteigen,
- Verkauf einer Immobilie (z.B. an ein Familienmitglied), ohne dass der Preis sich im Vermögen des Verkäufers/Erblassers wiederfindet,
- Überweisungen von großen Beträgen vom Konto des Erblassers ohne Gegenleistung,
- Goldmünzen oder andere Wertgegenstände, die durch den Erblasser in den letzten drei Jahren vor seinem Tod erworben wurden, und sich am Todestag nicht mehr in seinem Vermögen befinden,
- Auszahlung einer Lebensversicherung, die sich nicht mehr auf dem Konto des Erblassers wiederfindet.

Diese Frist wurde in der Flämischen Region auf sieben Jahre verlängert für den Fall der Schenkung eines Betriebs (siehe Kapitel 3, Punkt 7 in diesem Teil 2).

2. Schulden, die nur durch Testament anerkannt sind

Etwaige Schulden, die vom Erblasser nur durch Testament anerkannt wären, ohne dass darüber ein anderer Schuldtitel (Rechnung, Vertrag, Kontoauszug usw.) besteht, werden als testamentarische Verfügung angesehen. Folglich muss die Person, gegenüber der die Schuld anerkannt ist, Erbschaftsteuern auf den Betrag zahlen, den sie aus der Erbschaft erhält.

Da etwaige Schulden, die der Erblasser zum Todestag hatte, von den Werten, die er hinterlässt, steuerlich abgezogen werden können, und die Erbschaftsteuer nur auf das Nettoerbe erhoben wird, wäre die Versuchung für den Erblasser groß, in seinem Testament Schulden anzuerkennen, und somit die entsprechenden Summen am Fiskus vorbeizuschleusen.

Beispiel 19: Ein einfallsreicher Steuerfuchs verfügt über 200.000 € auf einem Bankkonto, die er gern seinem besten Freund vermachen würde. Da er weiß, dass die Erbschaftsteuer zwischen nicht verwandten Personen sehr hoch ist, schreibt er in sein Testament, dass er besagtem Freund 200.000 € schuldet. Er wünscht somit zu erreichen, dass die Zahlung der 200.000 € als Schuld der Erbschaft steuerlich geltend gemacht werden kann, und der Freund keine Erbschaftsteuer auf die Summe zahlen muss. Diese Rechnung geht jedoch nicht auf, denn das Gesetz wird diese allein durch Testament anerkannte Schuld als Vermächtnis ansehen, und folglich der Erbschaftsteuer unterwerfen.

Die zivilrechtliche Bezeichnung als „Schuld" wird folglich von der Steuergesetzgebung nicht anerkannt und in eine testamentarische Verfügung umgewandelt.

3. Der überlebende Ehepartner erhält bei Auflösung des Güterstands durch Todesfall mehr als die Hälfte des gemeinschaftlichen Vermögens

Ist der Erblasser verheiratet, so muss – bevor die Erbmasse ermittelt werden kann – zuerst der Güterstand aufgelöst werden. Mit anderen Worten, da der Güterstand mit dem Tod eines der Ehepartner aufgelöst wird, muss ermittelt werden, welche Güter in den Nachlass des Verstorbenen fallen und welche Güter Eigentum des überlebenden Ehepartners sind.

Wie in Teil 3, Kapitel 2, Punkt 4b) genauer erklärt, kann der Ehevertrag vorsehen, dass bei Auflösung des Güterstands, dieser nicht wie üblich in zwei gleiche Teile aufgeteilt wird, wovon einer in die Erbschaft fällt und der andere Eigentum des überlebenden Ehepartners bleibt. Der Ehevertrag kann vorsehen, dass der überlebende Ehepartner z.B. ¾ des gemeinschaftlichen Vermögens behält und ¼ in den Nachlass des verstorbenen Ehepartners fällt. Allgemein sei bemerkt, dass ein Ehevertrag vor oder während der Ehe abgeschlossen werden und auch jederzeit abgeändert werden kann.

Solche Bestimmungen im Ehevertrag, die mitunter eine äußerst interessante Erbschaftsplanung darstellen, haben zur Folge, dass eine Vermögensübertragung durch den Ehevertrag stattfindet, und nicht im Rahmen der Erbschaft. Im Prinzip wäre hier also keine Erbschaftsteuer fällig. Dies ist jedoch ein weiterer Fall, indem die Erbmasse fiktiv erhöht wird: Die Sonderregelung sieht vor, dass die Werte, die der überlebende Ehepartner im Rahmen der Auflösung des Güterstands erhält und die die Hälfte des Wertes des gemeinschaftlichen Vermögens übersteigen, trotzdem der Erbschaftsteuer unterworfen sind.

Sinn und Zweck dieser Maßnahme ist wiederum zu verhindern, dass durch die ungleiche Aufteilung des Güterstands Werte an der Erbschaftsteuer vorbeigeschleust werden.

> **Beispiel 20:** Mann „M" und Frau „F" sind unter dem Güterstand der Gütergemeinschaft verheiratet und haben ein Kind „K", zu dem jedoch kein Kontakt mehr besteht. Um sich gegenseitig zu schützen, ist es ratsam, dass M und F per Ehevertrag vorsehen, dass das gesamte gemeinschaftliche Vermögen bei Auflösung des Güterstands durch Todesfall auf den überlebenden Ehepartner übergeht. Somit vermeiden sie, dass K bereits Erbschaftsansprüche über das gemeinschaftliche Vermögen beim Tod des erstversterbenden Ehepartners geltend machen kann. Pflichtteilansprüche können nur auf Schenkungen oder Erbschaften geltend gemacht werden, jedoch nicht auf Güter, die im Rahmen des Ehevertrags übertragen werden (siehe auch die drei Ausnahmen in Teil 3, Kapitel 2, Punkt 4). Diese Planung, die die Eheleute vorgenommen haben, ist absolut legal und rechtskräftig. Damit die Planung jedoch nicht zulasten der Staatskasse geschieht, sieht die Sonderregelung vor, dass alles, was der überlebende Ehepartner aufgrund des Ehevertrags erhält, und die Hälfte des gemeinschaftlichen Vermögens übersteigt, der Erbschaftsteuer unterworfen ist.

4. Lebensversicherungen

Bei einer klassischen Lebensversicherung zahlt der Versicherungsnehmer „A" einem Versicherer Prämien, damit ein Begünstigter „B" eine gewisse Summe bei As Tod erhält.

Da die Auszahlung an B aufgrund des Versicherungsvertrags geschieht und nicht im Rahmen der Erbschaft, würde jede Lebensversicherung im Prinzip dazu führen, dass die eingezahlten bzw. ausgezahlten Summen an der Erbschaftsteuer vorbeigeschleust werden. Deshalb besteht auch hier eine Sonderregelung für die Summen, die jemand (in meinem Beispiel B) aufgrund solcher Versicherungs- bzw. Rentenverträge erhält. Diese Sonderregelung sieht vor, dass besagte Summen unwiderruflich als testamentarische Verfügungen anzusehen und folglich der Erbschaftsteuer unterworfen sind. Die Lebensversicherungsverträge können jedoch auch im Rahmen einer Erbschaftsplanung so gestaltet werden, dass keine Erbschaftsteuer anfällt (siehe Teil 3, Kapitel 4, Punkt 5).

5. Fälle, in denen der Erblasser sich ein Leibrecht vorenthalten hat

Falls der Erblasser zu Lebzeiten zusammen mit seinen voraussichtlichen Erben (oder Zwischenpersonen) eine Immobilie erworben hat (der Erblasser die Nutznießung und die voraussichtlichen Erben das nackte Eigentum), sieht eine Sondersteuerregel vor, dass der Wert dieser Immobilie im vollen Eigentum als Vermächtnis an diesen Erben angesehen und der Erbschaftsteuer unterworfen wird, es sei denn dieser Erbe kann beweisen, dass keine Schenkung vorliegt.

Die durch den Erben zu erbringenden Beweise sind folgende:

(i) Dass er den Preis des erworbenen bloßen Eigentums selbst finanziert hat (aus Eigenmitteln oder über einen Kredit) und nicht die nötigen Mittel vom Erblasser erhalten hat. Dieser Beweis wird erbracht durch den Kontoauszug, aus dem hervorgeht, dass der Preis des bloßen Eigentums vom Konto des Erben (und nicht das des Erblassers) überwiesen wurde. Wenn die nötigen Summen vorher durch den Erblasser geschenkt wurden, so muss diese Schenkung [in der Wallonischen Region] vor Unterzeichnung des Kaufvorvertrags bzw. Anzahlung geschehen sein - registriert (d.h. besteuert) oder nicht - um die Erbschaftsteuer zu vermeiden (siehe Teil 3, Kapitel 3, Punkt 3b);

(ii) dass der Erblasser zu Lebzeiten auch *effektiv den Nießbrauch* ausgeübt hat, d.h. die Immobilie bewohnt oder die Miete erhalten hat.

Der Hintergrund dieser Maßnahme lässt sich am folgenden Beispiel erkennen:

> **Beispiel 21:** Vater „V" möchte sein Geld, das ihm auf dem Bankkonto zu wenig Rendite bringt, in eine Immobilie anlegen, um diese zu vermieten. Gleichzeitig möchte er vermeiden, dass sein Sohn „S" zu hohe Erbschaftsteuern (u.a. auf diese Immobilie) an Vs Tod zahlen muss. V könnte hier vorschlagen, die Immobilie zusammen mit seinem Sohn zu kaufen, und zwar V den Nießbrauch und S das nackte Eigentum. Da der Nießbrauch ein Leibrecht ist, d.h. mit dem Tod des Nießbrauchers endet, würde S bei Vs Tod voller Eigentümer der Immobilie, ohne Erbschaftsteuern zahlen zu müssen. Dem wird von der Steuergesetzgebung nur stattgegeben, wenn die Operation keine Schenkung verschleiert: Wenn V an S die Mittel für den Kauf des nackten Eigentums zur Verfügung gestellt hat oder den Nießbrauch nicht wirklich ausgeübt hat (indem z.B. S in der Immobilie gewohnt hat, ohne V eine Miete zu zahlen), greift die Sonderregel und die Erbschaftsteuer fällt an.
> Wenn V jedoch S das Geld für den Erwerb des nackten Eigentums vor Unterschrift des Kaufvorvertrags, per indirekter oder per registrierter (besteuerter) Schenkung (siehe Teil 3, Kapitel 3, Punkt 3b)) überträgt und V den Nießbrauch tatsächlich ausübt (d.h. die Mieten erhält), geht die Immobilie bei Vs Ableben steuerfrei auf S über.

TEIL 3 – Erbschaft planen: Testament, Schenkung und andere Instrumente

Unter dem Begriff „Erbschaft planen“ werden ich Ihnen in diesem Teil verschiedene Instrumente erklären (Testamente, Schenkungen, Eheverträge, Erbverträge usw.), deren Gebrauch es Ihnen ermöglichen soll, Ihr Vermögen zu Lebzeiten oder von Todes wegen so steuergünstig wie möglich an die Menschen Ihrer Wahl weiterzugeben.

Erbschaft planen hat eine zivilrechtliche Komponente (Wer erbt was von mir?) und eine steuerrechtliche Komponente (Wie können Erbschaftsteuern gespart werden?). Auf beide Komponenten werde ich eingehen.

Wenn man an Erbschaftsplanung denkt, denkt man meistens als Erstes an ein *Testament* (Kapitel 1). Das Testament ist jedoch nur ein Instrument der Erbschaftsplanung, das vor allem zivilrechtlich interessant ist, darüber hinaus aber häufig nur begrenzte Steuereinsparungsmöglichkeiten bietet. Die Bestimmungen des *Ehevertrags* (Kapitel 2) sowie *Schenkungen* (Kapitel 3) in ihren unterschiedlichen Facetten stellen sehr wichtige Instrumente sowohl in der zivilrechtlichen als auch in der steuerrechtlichen Erbschaftsplanung dar. Letztlich erkläre ich noch andere, weniger bekannte Instrumente der Erbschaftsplanung (Kapitel 4), die jedoch erhebliche Steuereinsparungsmöglichkeiten mit sich bringen.

Kapitel 1: Erbschaftsplanung anhand eines Testaments

1. Wie stelle ich ein rechtskräftiges Testament auf?

Das belgische Recht kennt drei verschiedene Arten von Testamenten: Das handschriftliche Testament, das notarielle Testament und das internationale Testament. Die Wahl des Testaments hat keinen Einfluss auf dessen Inhalt: Mittels jedem dieser Testamente kann der Testator das Vermögen, das er hinterlässt, an die Personen seiner Wahl vermachen, unter Berücksichtigung der durch das Gesetz vorgesehenen Pflichtteile.

...ICH HABE EIN SCHLECHTES GEFÜHL FÜR TANTE TRUDIS TESTAMENT.
TINE

Keine dieser drei Testamentformen ist juristisch wertvoller oder rechtskräftiger als eine andere: Hat jemand mehrere widersprüchliche Testamente in unterschiedlichen Formen aufgestellt, so ist einzig das zuletzt datierte gültig, ganz gleich, ob das Letzte z.B. ein handschriftliches Testament war und ein Vorheriges ein notarielles Testament war.

Wichtig ist zu wissen, dass ein Testament ein *einseitiges Rechtsgeschäft* ist, was bedeutet, dass es nur durch den Testator unterschrieben werden darf. Unter belgischem Recht ist ein Testament, das z.B. von beiden Ehepartnern unterschrieben wird, ungültig. Das Testament, in dem ein Ehepartner auf der Vorderseite und der andere auf der Rückseite desselben Blatt Papiers unterschreibt, ist ebenfalls ungültig. Grund dieser Regel ist, dass das Testament in Belgien als ein einseitiges und vor allem *absolut geheimes* Rechtsgeschäft betrachtet wird, das jederzeit durch den Testator widerrufen werden kann, ohne dass ein Dritter, sei es der Ehepartner, davon in Kenntnis gesetzt werden muss.

Das Testament in Belgien unterscheidet sich also in den Formvorschriften ganz wesentlich von einer beliebten Form des Testaments deutschen Rechts, nämlich dem Berliner Testament. Würde ein solches gemeinschaftliches Testament unter belgischem Recht abgeschlossen, wäre es gänzlich ungültig. Belgisches Recht erkennt jedoch die Rechtskraft des Berliner Testaments an, aber nur vorausgesetzt, der Testator durfte deutsches Recht für das Berliner Testament bezeichnen (siehe diesbezüglich Teil 4, Kapital 2, b) und die Erklärung des Begriffs „Berliner Testament").

a) Das handschriftliche Testament

Das handschriftliche Testament muss, um gültig zu sein, gänzlich durch die *Hand des Testators* geschrieben sein, mit dem *Datum* der Aufstellung versehen und vom Testator *unterschrieben* sein.

Ein handschriftliches Testament darf folglich weder per Computer abgetippt sein noch durch ein technisches Mittel (Diktafon, Video usw.) aufgenommen werden.

Das handschriftliche Testament ist die kostengünstigste der drei Testamentsformen. Es kann allein durch den Testator ohne Mithilfe von Beratern aufgestellt werden. Trotzdem ist es ratsam, den Notar Ihrer Wahl für die Aufstellung des handschriftlichen Testaments zurate zu ziehen, aus mindestens zwei Gründen: Einerseits, damit dieser sich vergewissern kann, dass der letzte Wille des Testators auch verständlich und rechtswirksam im Testament wiedergegeben ist. Andererseits, damit das Testament hinterlegt und in das belgische Zentralregister der Testamente eingetragen werden kann, damit auch gewährleistet ist, dass das Testament am Todestag vorliegt (und nicht z.B. in einer Schublade im Haus des Testators liegt und nie gefunden oder sogar absichtlich entwendet wird) und somit der darin enthaltene Wille zur Geltung kommt.

b) Das notarielle Testament

Das notarielle Testament wird dem Notar durch den Testator in Anwesenheit von zwei Zeugen oder eines zweiten Notars diktiert.

Das notarielle Testament ist kostspieliger als das handschriftliche Testament. Das Mitwirken des Notars führt jedoch dazu, dass das Testament so geschrieben ist, dass der letzte Wille des Testators deutlich wiedergegeben und durchführbar ist, und dass das Testament nicht verloren geht, da es im Safe des Notars sicher aufbewahrt und in das Zentralregister der Testamente eingetragen wird. Außerdem kann das notarielle Testament – im Gegensatz zum handschriftlichen Testament – nicht durch einen Erben angefochten werden, der angäbe, die Schrift des Testators nicht zu erkennen.

c) Das internationale Testament

Das internationale Testament muss bei einem Notar in einem versiegelten Umschlag und im Beisein von zwei Zeugen hinterlegt werden. Es kann per Computer erstellt und muss nicht durch den Testator selbst geschrieben sein. Dieser muss allerdings im Beisein der beiden Zeugen und des Notars erklären, dass es sich bei dem Dokument in dem versiegelten Umschlag um sein Testament handelt.

Darüber hinaus fertigt der Notar eine Bestätigung an, die dem Testament beigelegt wird und die mit dem Testament beim Notar aufbewahrt wird. Die Erstellung eines internationalen Testaments ist zwar strikten Formvorschriften unterworfen, bietet jedoch den Vorteil, dass der Inhalt absolut geheim ist (nicht mal der Notar kennt seinen Inhalt, da der Umschlag versiegelt ist) und dass das Testament auf internationaler Ebene ausgeführt werden kann (in allen Ländern, die das Washingtoner Abkommen vom 26. Oktober 1973 ratifiziert haben, u.a. Belgien, Frankreich, Italien, England, Portugal, Vereinigte Staaten von Amerika und Russland).

2. Zivilrechtliche Komponente: Wem vermache ich was?

Das Testament bietet in erster Linie ein zivilrechtliches Interesse im Rahmen der Erbschaftsplanung: Anhand eines Testaments weicht der Testator von der gesetzlichen Erbfolge (siehe Teil 1) ab und bestimmt selbst, *wer* nach seinem Tod *welche* der von ihm hinterlassenen Güter erbt. Man kann jedoch nicht gleich was in einem Testament bestimmen: Das belgische Erbschaftsrecht sieht für gewisse Verwandte einen Pflichtteil vor.

a) Gesetzliche Begrenzung: Der Pflichtteil

Das belgische Recht kennt drei verschiedene Pflichtteilberechtigte: (i) die Kinder, (ii) den überlebenden Ehepartner und (iii), unter gewissen Bedingungen und nur bis zum 1. September 2018 (für Todesfälle ab diesem Datum hat das Gesetz jeglichen Pflichtteil der Vorfahren abgeschafft), Verwandte in direkter aufsteigender Linie (Eltern, Großeltern, Urgroßeltern usw.).

Der Pflichtteilanspruch bedeutet für diese Personen, dass sie *nicht gegen ihren Willen enterbt* werden können. Wenn der Erblasser z.B. ein Testament hinterlässt, dessen Anwendung dazu führen würde, dass die Pflichtteilberechtigten weniger als ihren Pflichtteil erben, können diese ihren Pflichtteilanspruch durch eine Verminderungsklage geltend machen.

Der Erhalt des Pflichtteils ist ein *Recht* der oben erwähnten Personen, jedoch *keine Pflicht*: Der Pflichtteilberechtigte darf durchaus darauf verzichten, von seinem Pflichtteilanspruch Gebrauch zu machen. Bis zum 1. September 2018 darf er diesen Verzicht erst ab dem Zeitpunkt des Todes des Erblassers erklären, ansonsten ist dieser Verzicht null und nichtig (ab dem 1. September 2018 kann ein gewisser Verzicht unter strikten Bedingungen auch im Rahmen eines Erbvertrags zu Lebzeiten vollzogen werden, (siehe diesbezüglich Kapitel 4, 7. in diesem Teil 3)). Wenn der Erblasser den Pflichtteilanspruch in seinem Testament nicht berücksichtigt hat, und die Pflichtteilberechtigten damit einverstanden sind, so ist das Testament rechtsgültig.

Für die Pflichtteilberechnung ist nicht nur das Vermögen am Todestag ausschlaggebend. Sämtliche unentgeltlichen Zuweisungen zu Lebzeiten (Schenkungen ...) werden ebenfalls mit in die Pflichtteilberechnung einbezogen.

> **Beispiel 22:** Der Erblasser hinterlässt ein Kind. Da er zu diesem Kind seit Jahren keinen Kontakt mehr hatte, hat er per Testament sein Vermögen vollständig seiner Cousine vermacht. Das Vermögen an seinem Todestag beträgt 50.000 € auf einem Bankkonto. Er hat jedoch dieser Cousine vor zehn Jahren einen Geldbetrag von 250.000 € geschenkt. Das enterbte Kind kann hier erfolgreich eine Verminderungsklage einreichen. Der Pflichtteil des Kindes beträgt 50% (siehe Tabelle unten) des Vermögens unter Berücksichtigung sämtlicher unentgeltlicher Zuwendungen (d.h. in diesem Fall des am Todestag bestehenden Vermögens in Höhe von 50.000 € und der Schenkung von 250.000 €, d.h. 50% von 300.000 €). Der Pflichtteil beträgt folglich 150.000 €. Für die Cousine bedeutet das nicht nur, dass das Vermächtnis von 50.000 € zu ihren Gunsten keine Anwendung finden wird, sondern auch, dass sie dem Kind zusätzlich 100.000 € zahlen muss, damit der Pflichtteil des Kindes wiederhergestellt wird.

(i) Kind(er)

*Anwendbare Regeln für Todesfälle **VOR** dem 1. September 2018*

Bis zum 31. August 2018 ist der Pflichtteil bzw. der frei verfügbare Teil von der Anzahl Kinder abhängig, die der Erblasser hinterlässt.

Falls der Erblasser ein Kind hinterlässt, beträgt der Pflichtteil dieses Kindes die Hälfte des hinterlassenen Vermögens, d.h. der frei verfügbare Teil des Erblassers beläuft sich ebenfalls auf eine Hälfte des Vermögens. Bei zwei Kindern beträgt der Pflichtteil pro Kind ein Drittel des hinterlassenen Vermögens und der frei verfügbare Teil beträgt ebenfalls ein Drittel. Hinterlässt der Erblasser drei oder mehr Kinder, beträgt der frei verfügbare Teil ein Viertel.

Anzahl Kinder	Pflichtteil pro Kind	Frei verfügbarer Teil
1	½	½
2	⅓	⅓
3	¼	¼
> 3	¾ geteilt durch Anzahl Kinder	¼

Beispiel 23: Der Erblasser hat zwei Kinder und hinterlässt ein Vermögen von 300.000 €. Der Pflichtteilanspruch jedes Kindes beträgt ⅓, d.h. der Erblasser kann über ⅓ seines Vermögens frei verfügen, ohne eine Verminderungsklage der Kinder befürchten zu müssen.

Falls die Kinder vor dem Erblasser verstorben sind, jedoch Enkelkinder vorhanden sind, so nehmen die Enkelkinder den Platz ihres vorverstorbenen Elternteils für die Ermittlung des Pflichtteils ein. Dies ist eine weitere Anwendung der Erbvertretung.

Beispiel 24: Die beiden Kinder (zwei Söhne) des Erblassers sind vorverstorben, einer kinderlos und der andere zwei Kinder hinterlassend (die also Enkel des Erblassers sind). Aufgrund der Erbvertretung treten diese beiden Enkelkinder in die Situation, in der ihr Vater gewesen wäre, wenn er am Todestag des Erblassers noch gelebt hätte. In diesem Fall hätte der Erblasser ein Kind, d.h. der Pflichtteil der beiden Enkelkinder beträgt hier zusammen 50%. Über die anderen 50% kann der Erblasser frei verfügen, ohne eine Verminderungsklage der Enkelkinder befürchten zu müssen.

Beispiel 25: Wenn jeder der beiden vorverstorbenen Söhne jetzt ein Kind hinterlässt (also nicht ein Sohn zwei Kinder und der andere kein Kind), so beläuft sich der verfügbare Teil des Erblassers auf ⅓ und nicht auf 50%, da die Pflichtteilsberechnung immer auf der Ebene der Kinder des Erblassers berechnet wird und nicht auf der Ebene der Enkelkinder.

Anwendbare Regeln für Todesfälle ***NACH*** *dem 1. September 2018*

Das Gesetz vom 31. Juli 2017 (das am 1. September 2018 in Kraft tritt) sieht für den Erblasser größere Freiheiten vor, indem es den Pflichtteil in all den Fällen verringert, in denen der Erblasser mehr als ein Kind hinterlässt. Es setzt für die Ermittlung des frei verfügbaren Teils den Fokus auf den Erblasser und nicht auf die Anzahl der hinterlassenen Kinder.

Unter der neuen Gesetzgebung beträgt der frei verfügbare Teil *die Hälfte* des Nachlassvermögens, ganz gleich, wie viele Kinder der Erblasser hinterlässt.

Der Pflichtteil der Kinder geht aus folgender Tabelle hervor:

Anzahl Kinder	Pflichtteil pro Kind	Frei verfügbarer Teil
1	½	½
2	¼	½
3	⅙	½
> 3	½ geteilt durch Anzahl Kinder	½

(ii) Der hinterbliebene Ehepartner

Der Pflichtteil des hinterbliebenen Ehepartners ist der Nießbrauch der Hälfte des Nachlassvermögens. Außerdem erhält der hinterbliebene Ehepartner in jedem Fall den Nießbrauch der Immobilie, die der Familie bei Eintritt des Erbfalls als Familienwohnung diente (sowie an dem darin enthaltenen Hausrat), d.h. selbst wenn dieser Nießbrauch mehr wert ist als die Hälfte des Nachlassvermögens.

> **Beispiel 26:** Das Verhältnis der Ehepartner ist getrübt, es kommt jedoch weder zu Scheidung noch zu Trennung. Der Ehemann hat ein Testament aufgestellt, in dem er seine Frau vollständig enterbt. Bei Ableben des Ehemanns hat die Ehefrau das Recht, ihren Pflichtteil einzufordern.

Es gibt sechs Ausnahmen für den Pflichtteil des überlebenden Ehepartners:

1. Tatsächliche Trennung von weniger als sechs Monaten vor dem Todesfall: Im Fall einer tatsächlichen Trennung der Ehepartner bezieht sich dieser Nießbrauch ausschließlich auf die Immobilie, in der die Ehepartner ihren letzten ehelichen Wohnort hatten – unter der Bedingung, dass der hinterbliebene Ehepartner dort seinen Wohnort beibehalten hat. Selbst wenn die mit diesem Nießbrauch belastete Immobilie weniger wert ist als die Hälfte des Nachlassvermögens, bleibt der Pflichtteil des überlebenden Ehepartner in diesem Fall auf den Nießbrauch dieser Immobilie beschränkt.
2. Getrennter Wohnort seit sechs Monaten: Der Pflichtteilanspruch kann dem überlebenden Ehepartner gänzlich entzogen werden, wenn die Ehepartner am Todestag seit mehr als sechs Monaten getrennt waren und der Testator vor seinem Tod durch eine gerichtliche Handlung einen von seinem Ehepartner getrennten Wohnort gefordert hat.
3. Einleitung der einvernehmlichen Ehescheidung: Wenn die Ehepartner sich im Rahmen ihrer Ehescheidungsvereinbarung, die dem Scheidungsantrag beiliegt, enterben, besteht ab der Hinterlegung des Scheidungsantrags kein Pflichtteil mehr, selbst wenn einer der Ehepartner verstirbt, bevor die Scheidung ausgesprochen wird.

4. Kinder aus einer vorherigen Beziehung: Falls bei mindestens einem der Ehepartner Kinder aus einer vorherigen Beziehung vorhanden sind, können die Eheleute sich im Ehevertrag (also nicht per Testament) enterben, selbst auf nicht gegenseitiger Basis. Das Enterben darf jedoch nicht vollständig sein: In jedem Fall hat der hinterbliebene Ehepartner einen Pflichtteilanspruch über den Nießbrauch der Immobilie, die der Familie am Tag der Eröffnung des Nachlasses des Vorverstorbenen als Hauptwohnung diente, und an dem darin vorhandenen Hausrat.
5. Anerkennung eines Kindes, das während der Ehe von einem der Ehepartner und einer anderen Person als dem Ehepartner gezeugt wurde: In diesem Fall kann der Ehepartner den anerkennenden Ehepartner von der Erbfolge ausschließen. Das Enterben darf jedoch auch hier nicht vollständig sein: In jedem Fall hat der hinterbliebene Ehepartner ein Pflichtteilrecht über den Nießbrauch der Immobilie, die der Familie am Tag der Eröffnung des Nachlasses des Vorverstorbenen als Hauptwohnung diente, und an dem darin vorhandenen Hausrat.
6. Erbvertrag: Ab dem 1. September 2018 kann der Pflichtteil des überlebenden Ehepartners unter Einhaltung der gesetzlichen Bedingungen per Erbvertrag angepasst werden (siehe Teil 3, Kapitel 4, Punkt 7).

Der hinterbliebene, gesetzlich Zusammenwohnende ist nicht pflichtteilberechtigt. In Teil 1, Kapitel 3, habe ich erklärt, dass der hinterbliebene gesetzlich Zusammenwohnende in der gesetzlichen Erbfolge für den Nießbrauch der Immobilie, die während des Zusammenwohnens mit dem Erblasser als gemeinsamer Wohnort diente, sowie für den darin vorhandenen Hausrat, erbberechtigt ist. Dieses Erbrecht in der gesetzlichen Erbfolge beschert dem hinterbliebenen gesetzlich Zusammenwohnenden jedoch keinen Pflichtteil, d.h. dem Erblasser steht es völlig frei, seinen gesetzlich zusammenwohnenden Partner per Testament gänzlich zu enterben.

(iii) Die Vorfahren

*Anwendbare Regeln für Todesfälle **VOR** dem 1. September 2018*

Gewisse Vorfahren verfügen ebenfalls über einen Pflichtteil, jedoch nur, wenn die beiden folgenden Bedingungen erfüllt sind:

1. Der Verstorbene hinterlässt keine Nachkommen.
2. Der Verstorbene hat sein Vermögen nicht gänzlich dem hinterbliebenen Ehepartner oder dem hinterbliebenen gesetzlich Zusammenwohnenden vermacht.

Sind diese beiden Bedingungen erfüllt, so dürfen unentgeltliche Zuwendungen unter Lebenden (Schenkungen ...) oder durch Testament:

- die Hälfte des Vermögens des Erblassers nicht überschreiten, wenn dieser einen oder mehrere Verwandte in direkter aufsteigender Linie (Eltern, Großeltern, Urgroßeltern usw.), sowohl in der väterlichen als auch in der mütterlichen Linie, hinterlässt; oder
- 3/4 des Vermögens des Erblassers nicht überschreiten, wenn dieser nur in einer Linie Verwandte in aufsteigender Linie hinterlässt.

Der Pflichtteil beträgt somit respektive 50% und ein Viertel (also ¼ pro Vorfahrenslinie).

Beispiel 27: Der Erblasser verstirbt kinderlos und hinterlässt seinen Vater sowie seine Großmutter mütterlicherseits. Der frei verfügbare Teil beträgt 50%, da er mindestens einen Verwandten in aufsteigender Linie mütterlicher- und väterlicherseits hinterlässt.

Beispiel 28: Der Erblasser verstirbt kinderlos und hinterlässt seinen Vater und eine Schwester. Der frei verfügbare Teil beträgt ¾ des Vermögens, da die Schwester zwar unter der gesetzlichen Erbfolge erbberechtigt ist, jedoch nicht über einen Pflichtteil verfügt. Sie kann folglich zugunsten von anderen Personen enterbt werden.

Anwendbare Regeln für Todesfälle ***NACH*** *dem 1. September 2018*

Der Pflichtteil für die Vorfahren verschwindet gänzlich.

Das heißt natürlich nicht, dass die Eltern rechtlich nicht von ihren Kindern erben können: Sie können sehr wohl erben, sei es aufgrund der gesetzlichen Erbfolge (siehe Teil 1, Kapitel 1, Punkt 3) oder weil sie testamentarisch als Vermächtnisnehmer eingesetzt werden. Das Wegfallen des Pflichtteils bedeutet lediglich, dass kein Vorfahre die Möglichkeit hat, eine Verminderungsklage geltend zu machen wenn der Erblasser über sein Vermögen anderweitig (z.B. außerhalb der Familie) verfügt hat.

b) Zivilrechtliche Komponente: Ich möchte bestimmen, wer von mir erbt

Unter Berücksichtigung der gesetzlich festgelegten Pflichtteile, steht es dem Testator frei, Vermächtnisse an Personen oder Institutionen seiner Wahl zu tätigen (mit Ausnahme des im nächsten Absatz erklärten). Dies gilt nicht nur für testamentarische Zuwendungen, sondern auch für sämtliche unentgeltlichen Zuwendungen unter Lebenden, wie etwa Schenkungen. Da ich auf Schenkungen in Kapitel 4 eingehe, werde ich mich hier auf das Testament beschränken.

Das belgische Recht sieht in Artikel 909 des Zivilgesetzbuches eine Reihe von Personen vor, die *nicht* rechtsgültig als Vermächtnisnehmer durch den Testator eingesetzt werden können, da der Gesetzgeber unwiderruflich vermutet, dass diese Personen über einen zu großen Einfluss auf den Testator verfügen und dieser sich demnach verpflichtet fühlen könnte, diese Personen in seinem Testament zu berücksichtigen. Es handelt sich hier u.a. um die Ärzte und das Pflegepersonal, die den Testator in seiner zum Tod führenden Krankheit begleitet haben, um die Verwalter und das Personal des Pflege- oder Seniorenheims des Testators oder aber um Geistliche, die den Testator begleitet haben.

Im Nachstehenden erkläre ich einige Vermächtnismöglichkeiten, die dem Testator zur Verfügung stehen und die regelmäßig in der Praxis Anwendung finden:

(i) Ein Kind bevorzugen

Falls mehrere Kinder vorhanden sind, kommt es vor, dass ein Elternteil durch sein Testament eines der Kinder in größerem Umfang finanziell unterstützen möchte als die anderen, z.B. weil dieses Kind in den Augen der Eltern die finanzielle Unterstützung mehr nötig hat als die anderen, oder aber, weil die Eltern über Jahre von diesem Kind gepflegt worden sind, während zu den anderen Kindern kein Kontakt mehr besteht.

Beispiel 29: Eine verwitwete Frau hat drei Kinder. Zwei dieser Kinder haben eine erfolgreiche berufliche Karriere im Ausland verfolgt und der Kontakt zur Mutter ist abgebrochen. Mit dem dritten Kind hat die Frau ein sehr gutes Verhältnis. Falls dies ihr Wunsch ist, kann diese Frau dem dritten Kind den gesamten verfügbaren Teil ihres Nachlasses per Testament vermachen. Stirbt die Frau nach dem 1. September 2018 (siehe Punkt a), (i) in diesem Teil 3, Kapitel 2), beträgt der verfügbare Teil ½ des Nachlassvermögens, d.h. jedes Kind erhält seinen Pflichtteil von 1/6 und das 3. Kind noch zusätzlich den verfügbaren Teil von ½, und erbt somit insgesamt die ⅔ des Nachlassvermögens.

(ii) Bestimmte Güter an bestimmte Personen vermachen, aber trotzdem die Gleichbehandlung z.B. zwischen Kindern wahren

Wenn eine Person möchte, dass ein spezieller Vermögenswert (Immobilie, Schmuck usw.) von einem bestimmten Erben nach ihrem Tod übernommen wird, so muss sie diesen Willen in ihrem Testament verankern. Anderenfalls, sofern mehrere Erben erbberechtigt sind (z.B. der Erblasser hinterlässt drei Kinder), erben diese das Nachlassvermögen ungeteilt und der Testator hat nicht die Gewissheit, dass bei der späteren Aufteilung der Erbengemeinschaft dieser bestimmte Vermögenswert in das Los des Erben fällt, für den er es vorgesehen hat. Außerdem erspart der Erblasser den Erben die Steuern, die bei der späteren Teilung der Immobilien aus dem Nachlassvermögen anfallen (dieser Steuervorteil ist genauer unter Teil 3, Kapitel 1, Punkt 3a) erklärt).

Beispiel 30: Ein Ehepaar hat drei Kinder (A, B und C) und ist Eigentümer von dem Familienhaus, in dem sie wohnen, einem Baugrundstück und von 300.000 € auf verschiedenen Bankkonten. Kind A zeigt Interesse an dem Familienhaus. Kind B möchte später selber bauen. Kind C möchte im Ausland leben und zieht demnach das Geld den Immobilien vor.

Wenn die Eheleute kein Testament aufstellen, erbt jedes der drei Kinder aufgrund der gesetzlichen Erbfolge (siehe Teil 1) ungeteilt ⅓ des gesamten Nachlassvermögens, d.h. jedes Kind wird Miteigentümer zu ⅓ des Familienhauses, ⅓ des Baugrundstücks und ⅓ des Geldes. Wenn die Kinder dann später das Nachlassvermögen unter sich aufteilen, damit Kind A das alleinige Eigentum des Familienhauses, Kind B des Baugrundstücks und Kind C des Geldes erhält, fallen u.a. Steuern in Höhe von 1% des Gesamtwerts der aufgeteilten Immobilien an. Außerdem kann diese Situation zu Streit führen – wegen etwaiger unterschiedlicher Auffassungen über die Bewertung dieser Vermögenswerte oder wenn eines der Kinder seine Meinung ändert und plötzlich andere Elemente des Nachlasses für sich beansprucht als die, die vielleicht ursprünglich geplant oder im Sinne der Eltern waren.

Die Lösung in diesem Fall wäre, ein Testament aufzustellen, in dem die Eltern drei gleichwertige Lose bilden (z.B. Los 1 das Haus; Los 2 das Baugrundstück und Los 3 das Geld) und jedem Kind eines der Lose zuweisen. Dank dieses Testaments würden die drei Kinder nicht ungeteilt (jeder zu ⅓ im Miteigentum) alles erben, sondern jeder das volle Eigentum von einem Los. Folglich wird nicht nur einem möglichen Streit unter Erben aus dem Weg gegangen, sondern es werden auch die Registrierungsgebühren (d.h. Steuern) auf eine spätere Teilung (d.h. Auflösung der Erbengemeinschaft) gespart, da diese Teilung aufgrund der Tatsache, dass jeder voller Eigentümer eines Vermögenswertes geworden ist und es demnach nichts zu teilen gibt, nicht stattfindet.

(iii) Den gesetzlich zusammenwohnenden Partner im Testament bedenken

Gesetzlich Zusammenwohnende, die in der gesetzlichen Erbfolge (siehe Teil 1, Kapitel 3) nur den Nießbrauch der Immobilie, die während des Zusammenwohnens als gemeinsamer Wohnort diente (sowie den in dieser Immobilie vorhandenen Hausrat), erben, wünschen häufig (vor allem, wenn sie zusammen eine Immobilie erwerben), das Erbe des Partners zu vergrößern und begünstigen ihn folglich in ihrem Testament.

Beispiel 31: Zwei Partner möchten aus ideologischen Gründen nicht heiraten. Sie sind kinderlos und haben mit der Zeit ein gewisses Vermögen erwirtschaftet. Wenn sie nicht möchten, dass das Nachlassvermögen (mit Ausnahme des Nießbrauchs des Wohnsitzes) an die nächste Blutverwandtschaft (Eltern, Geschwister ...) geht, sondern an den gesetzlich zusammenwohnenden Partner, müssen sie gegenseitig den Partner per Testament als Universalvermächtnisnehmer einsetzen.

(iv) Zusammenwohnende, die nicht gesetzlich zusammenwohnend sind

Zusammenwohnende, die nicht gesetzlich zusammenwohnend sind, können sich natürlich auch gegenseitig testamentarisch begünstigen, müssen sich jedoch darüber im Klaren sein, dass dies erhebliche Erbschaftsteuern mit sich bringt, da sie sich als nicht Blutsverwandte und nicht gesetzlich Zusammenwohnende in den höchsten Steuersätzen befinden (siehe Teil 2, Kapitel 2). Es bieten sich hier andere Planungsmöglichkeiten an, die in Kapitel 4, Teil 3, näher erklärt werden.

ICH HABE EINE GUTE UND EINE SCHLECHTE NACHRICHT... DIE GUTE: SIE ERBEN ALLES!
... UND DIE SCHLECHTE?
KREDITE
Kredite
HYPOTHEKEN
Schulden
Schulden
NOTAR

(v) *Einen guten Zweck unterstützen*

Liegt dem Testator ein guter Zweck am Herzen, so kann er den betreffenden Verein durch sein Testament finanziell unterstützen. Im Rahmen des Duo-Vermächtnisses (siehe Punkt 3b) unten) führt ein solches Vermächtnis sogar zu Steuereinsparungen für die anderen Erben oder Vermächtnisnehmer.

(vi) *Ideelle, religiöse oder Nichtvermögensverfügungen*

Das Testament kann auch Bestimmungen enthalten, die nichts mit der Aufteilung des Vermögens zu tun haben. So kann der Testator z.B. vorsehen, wer nach Ableben beider Ehepartner durch den Friedensrichter als Vormund der minderjährigen Kinder eingesetzt werden soll (zu diesem Thema, siehe Kapitel 5, Teil 3).

3. Steuerrechtliche Komponente: Wie kann ich anhand des Testaments Erbschaftsteuern sparen?

Selbst wenn ein Testament in erster Linie einen zivilrechtlichen Zweck hat, ist es dennoch möglich, anhand eines Testaments Erbschaftsteuern zu sparen.

a) *Güter im Testament verteilen und somit Teilungsgebühren sparen*

Wenn der Erblasser kein Testament aufgestellt hat und aufgrund der gesetzlichen Erbfolge mehrere Personen erbberechtigt sind (z.B. die drei Kinder), so erben diese Personen das Erbe ungeteilt, d.h. jeder der Erben erbt jedes sich im Nachlass befindliche Gut im Miteigentum mit den anderen Erben.

Wenn die Erben das im Miteigentum vererbte Vermögen dann zwischen sich aufteilen und somit die Erbengemeinschaft auflösen, fallen u.a. Registrierungsgebühren (d.h. Steuern) in Höhe von 1% (in der Wallonischen und Brüsseler Region) und 2,5% (in Flandern – außer bei Teilungen nach Scheidungen, dann sind es ebenfalls 1%) an.

Die Teilung von beweglichem Vermögen (Geld, Aktien, Möbel usw.) erfolgt steuerfrei.

Wenn der Erblasser bereits zu Lebzeiten vorsehen möchte, wer von seinen Erben an seinem Todestag welche Güter erhalten soll, kann er dies in einem Testament vorsehen und den Erben somit zukünftige Registrierungsgebühren für eine etwaige Immobilienteilung sparen.

Siehe diesbezüglich auch die Ausführungen und Beispiel 30 unter Teil 3, Kapitel 1, Punkt 2b) (ii).

b) Das Duo-Vermächtnis

Mit einem Duo-Vermächtnis setzt der Testator neben den Personen, die er in erster Linie testamentarisch begünstigen möchte, ebenfalls noch eine gemeinnützige Organisation als Vermächtnisnehmer ein, jedoch mit der Auflage, die Erbschaftsteuer der anderen (entfernt verwandten oder gar nicht verwandten) Vermächtnisnehmer zu zahlen.

Da Vereine ohne Gewinnerzielungsabsicht (VoGs), wie unter Teil 2, Kapitel 3, Punkt 8, gesehen, steuergünstig erben können, führt diese Technik dazu, dass – wenn alles richtig berechnet ist – das Duo-Vermächtnis eine Win-Win-Situation sowohl für die Erben als auch für den Verein darstellt. Das bedeutet, dass die Vermächtnisnehmer dank des Duo-Vermächtnisses *netto* mehr erben, als wenn sie als Alleinerbe eingesetzt würden (d.h. ohne den Verein), da sie viel höhere Erbschaftsteuern als der Verein zahlen müssten.

Beispiel 32:
Eine alleinstehende Frau aus Hergenrath möchte zwei Nichten ihr Vermögen testamentarisch vermachen. Die Erbmasse beträgt 500.000 €.
Ohne Duo-Vermächtnis: Jede Nichte erhält 250.000 € und muss 134.375 € Erbschaftsteuer zahlen. Netto erhielt jede Nichte also 115.625 €.
Mit Duo-Vermächtnis: Neben den beiden Nichten setzt die Testatorin eine Vereinigung ohne Gewinnerzielungsabsicht

(z.B. das Rote Kreuz, Ärzte ohne Grenzen usw.) als Universalvermächtnisnehmer ein, mit der Auflage, jeder Nichte eine Summe von 160.000 € zu überweisen und die Erbschaftsteuer der beiden Nichten zu übernehmen. Folglich erhält jede Nichte *netto* 160.000 € und die VoG 180.000 € – abzüglich der gesamten Erbschaftsteuer, die sich in diesem Fall auf 159.850 € belaufen würde, d.h. *netto* 20.150 €. Man sieht also, dass die Nichten in dieser Situation netto mehr erhalten, als wenn sie Universalvermächtnisnehmer wären (nämlich pro Nichte 160.000 € anstelle von 115.625 €). Zusätzlich wird ein guter Zweck unterstützt; dies, weil die Erbschaftsteuer der VoG bedeutend geringer ist.

Diese Technik findet in den meisten Fällen Anwendung, wenn der Testator weder Partner (d.h. Ehepartner oder gesetzlich zusammenwohnenden Partner) noch Verwandte in direkter Linie hinterlässt. Auf die Frage: „Wer erbt mein Vermögen nach meinem Tod" antwortet der Testator also z.B. mit „meine Neffen und Nichten, deren Kinder, Kinder von Bekannten usw.", d.h. Personen, die sich in einer hohen Besteuerungskategorie (siehe die Tabellen in Teil 2, Kapitel 2) befinden, da sie nur entfernt oder auch gar nicht mit dem Testator verwandt sind. Erben diese Personen auf direktem Weg vom Erblasser, werden hohe Erbschaftsteuern fällig.

Es gibt zahlreiche Varianten des Duo-Vermächtnisses. So kann z.B. der Verein als Universalvermächtnisnehmer eingesetzt werden – mit der Auflage, die Erbschaftsteuer der anderen Vermächtnisnehmer zu übernehmen und diesen einen Nettobetrag von X € zu zahlen. Gleichermaßen können auch die Personen, die der Testator begünstigen möchte, als Universalvermächtnisnehmer eingesetzt werden – mit der Auflage, dem Verein eine Summe von X € nach Abzug sämtlicher Erbschaftsteuern zukommen zu lassen.

Auf jede Variante des Duo-Vermächtnisses einzugehen, würde den Rahmen dieses Buches sprengen. Wichtig ist nur zu wissen, dass das

Duo-Vermächtnis eine interessante Alternative bietet für Personen, die keine Nachkommen hinterlassen bzw. Vermögen an entfernte Verwandte oder Nichtverwandte zukommen lassen möchten.
Der Steuerberater, Anwalt oder Notar Ihrer Wahl wird anhand Ihrer konkreten Situation die steuerlich günstigste Variante ermitteln können.

c) Das Erbe auf mehrere Schultern verteilen

Wie genauer in Teil 2, Kapitel 2 erklärt, ist die Höhe des Prozentsatzes der Erbschaftsteuer, die ein Begünstigter zahlen muss, wesentlich von der Höhe des durch diesen Begünstigten geerbten Vermögens abhängig: Je höher das geerbte Vermögen, desto höher ist der Besteuerungsprozentsatz.

Um die Progression des Besteuerungsprozentsatzes zu brechen, kann der Erblasser in Betracht ziehen, sein Vermögen durch Testament an mehrere Personen zu vermachen. Dies hätte als Konsequenz, dass für jede dieser Personen einzeln, die Besteuerung immer bei der tiefsten Tranche beginnt.

> **Beispiel 33:** Herr X aus St.Vith ist verwitwet und Vater einer Tochter, die selbst zwei Kinder hat (die beiden Enkelkinder von Herrn X). Herr X hat ein Vermögen von 600.000 €. Verstirbt er, ohne ein Testament zu hinterlassen, erbt seine Tochter aufgrund der gesetzlichen Erbfolge alles und müsste 116.225 € Erbschaftsteuer zahlen. Herr X kann aber auch ein Testament aufstellen, in dem er seine Erbschaft aufteilt, z.B. die Hälfte an seine Tochter und je ¼ an die beiden Enkelkinder. Bei einem Vermögen von 600.000 € müsste die Tochter dann 38.250 € und jedes Enkelkind 10.625 € Erbschaftsteuer zahlen. Wenn man die gezahlten Steuern von Tochter und Enkelkinder zusammenzählt (d.h. 38.250 € + 10.625 € + 10.625 € = 59.500 €), fällt auf, dass diese deutlich niedriger sind als wenn die Tochter alles geerbt hätte (116.625 €). Grund dafür ist, dass die Progression des Besteuerungsprozentsatzes durch das Einsetzen von mehreren Erben gebrochen wurde.

Achtung: Bei Erbschaften, die dem Steuergesetzbuch der Brüsseler Region und der Flämischen Region unterliegen, werden – um die Höhe der Erbschaftsteuer zu ermitteln – die Vermächtnisse bzw. das Erbe der Personen aus der 3. und 4. Erbschaftsteuerkategorie (siehe Teil 2, Kapitel 2, Punkt 2) zusammengezählt. Mit anderen Worten: Die niedrigen Tranchen werden für diese Personen zusammen nur einmal ausgeschöpft.

d) Das Vermächtnis mit Herausgabeauflage des übrig Bleibenden (das De-Residuo-Vermächtnis)

Das De-Residuo-Vermächtnis ist eine testamentarische Bestimmung, durch die der Erblasser eine Person (in den meisten Fällen seinen (Ehe-)Partner oder ein Kind) als Vermächtnisnehmer einsetzt und gleichzeitig verfügt, dass der Teil seines vererbten Vermögens, der nach Ableben dieses Vermächtnisnehmers noch übrig ist, einer oder mehreren anderen Personen vermacht wird.

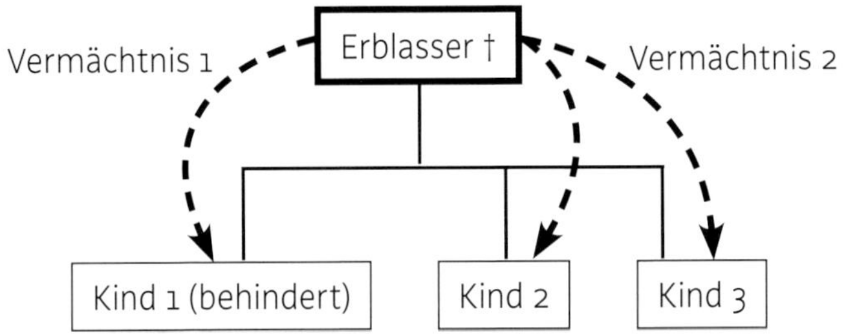

Dieses Instrument findet häufig Anwendung in kinderlosen Beziehungen (i) oder bei Vorhandensein eines behinderten Kindes (ii).

(i) Kinderlose Partner wünschen sich häufig, dass der Längstlebende mehr als den durch die gesetzliche Erbfolge vorgesehenen Nießbrauch erbt (Erbrechte des überlebenden Ehepartners oder gesetzlich Zusammenwohnenden in der gesetzlichen Erbfolge sind in Teil 1, Kapitel 2 und Kapitel 3 erklärt). In diesem Fall könnte er den Partner natürlich per Testament als Alleinerben für das gesamte Vermögen einsetzen; etwaige Pflichtteilansprüche gibt es in diesem Fall nicht.

Dieser Wunsch, den überlebenden (Ehe-)Partner zu bevorteilen, ist jedoch oft begleitet von dem Wunsch, dass die Vermögenswerte eines jeden Partners nach Ableben *beider* Partner an die jeweiligen Blutsverwandten (z.B. Neffen/Nichten) übergehen. Dies geschieht jedoch nicht automatisch und muss per Testament vorgesehen werden. Wenn dies geschieht, d.h. wenn der überlebende Partner nach dem Ableben seines Partners diese Vermögenswerte per Testament an die Blutsverwandten des vorverstorbenen Partners vermacht, führt das dazu, dass die Erbschaftsteuersätze zwischen nicht verwandten Personen auf dieses Vermächtnis anfallen würden; dies wäre äußerst kostspielig (außer bei Kindern des Ehepartners bzw. des gesetzlich zusammenwohnenden Partners). In dieser Situation ist ein De-Residuo-Vermächtnis anzuraten, dessen Auswirkung im folgenden Beispiel gezeigt wird.

Beispiel 34:
Der Ehemann „M", aus Eupen stammend und kinderlos, verfügt über ein gewisses Vermögen und wünscht, dass es seiner Ehefrau „F" nach seinem Tod an nichts fehlt. Außerdem möchte er, dass nach dem Tod seiner Frau zumindest ein Teil seines Vermögens seinem Bruder „B" zukommt.
Ohne De-Residuo-Vermächtnis: Ehemann M setzt Ehefrau F als Universalerben ein. Wenn – nachdem M verstorben ist und F geerbt hat – F kein Testament aufstellt, erbt B nichts, sondern Fs Blutverwandte. Selbst wenn F ein Testament zugunsten von B aufstellt, unterliegt dies eventuell anwendbaren Pflichtteilansprüchen und ist in jedem Fall den steuerungünstigen Prozentsätzen unterworfen (siehe Teil 2, Kapitel 2), sodass z.B. bei einem Vermögen von 200.000 €, das F an B vermacht, 138.125 € Erbschaftsteuer fällig würde.
Mit De-Residuo-Vermächtnis: M setzt F als Universalerben ein und sieht vor, dass der Teil des Vermächtnisses, über den F nicht zeitlebens entgeltlich verfügt hat, an B vererbt wird. Wenn in diesem Fall der Teil, den B letztendlich erbt, ebenfalls 200.000 € wert ist, so beträgt die Erbschaftsteuer „nur" 89.375 €, d.h. die De-Residuo-Technik spart

48.750 € Erbschaftsteuer. Grund der Einsparung ist, dass B mit De-Residuo-Vermächtnis direkt von M erbt (2. Steuerkategorie) und nicht von F, wie das ohne De-Residuo-Vermächtnis der Fall wäre (4. Steuerkategorie).

(ii) Wenn Eltern ein behindertes Kind haben, werden sie in erster Linie die notwendigen Maßnahmen treffen, damit bei ihrem Ableben die Pflege des Kindes gewährleistet ist, z.B. indem sie zu Lebzeiten einen Verwalter bestimmen (siehe Teil 3, Kapitel 6, Punkt 1). Erbschaftsteuertechnisch kann oder sollte die Situation auch geplant werden. Hier bietet sich das De-Residuo-Vermächtnis an, wie das folgende Beispiel verdeutlicht:

Beispiel 35:
Der Witwe „W", aus Malmedy stammend, hat drei Kinder („A", „B" und „C") und ein Vermögen von 450.000 €. C ist behindert und wird selbst nie Kinder haben. Nach Cs Tod soll Cs Vermögen an A und B übergehen.
Ohne De-Residuo-Vermächtnis: Ws Vermögen geht zu gleichen Teilen an ihre drei Kinder. Bei Ws Ableben fallen für jedes der drei erbenden Kinder 10.250 € Erbschaftsteuer an. Wenn bei Cs späterem Ableben von den geerbten 150.000 € z.B. noch 100.000 € übrig sind, die A und B zu gleichen Teilen erben, fallen für A und B jeweils 35.625 € Erbschaftsteuer an.
Mit De-Residuo-Vermächtnis: W sieht in ihrem Testament vor, dass der Teil des 150.000-€-Vermächtnisses an C, über den C nicht zeitlebens entgeltlich verfügt hat (also hier 100.000 €), an A und B vererbt wird. Hier werden also die 100.000 € an A und B in der Besteuerungstranche zwischen W und A bzw. B (d.h. in direkter Linie – 1. (günstigste) Besteuerungskategorie) und nicht zwischen C und A bzw. B (zwischen Geschwistern: 2. (deutlich höhere) Besteuerungskategorie) besteuert, sodass auf Cs Erbschaft für A und B dank des De-Residuo-Vermächtnisses jeweils nur 4.750 € Erbschaftsteuer (anstelle von 35.625 €) anfallen.

Das De-Residuo-Vermächtnis ist also doppelt interessant:

1. *Zivilrechtlich*, da es dem Erblasser eine doppelte Begünstigung ermöglicht.

2. *Steuerrechtlich*, da die Erbschaftsteuer des übrig Bleibenden (Residuum) anhand des Verwandtschaftsgrades zwischen dem Erblasser (und nicht dem 1. Vermächtnisnehmer) und dem Resterben berechnet werden.

Die folgenden Begrenzungen sind jedoch in Betracht zu ziehen:

1. Außer in sehr begrenzten Ausnahmen ist es dem Testator nicht gestattet, dem Vermächtnisnehmer aufzuerlegen, das geerbte Vermögen (oder einen Teil davon) *aufzubewahren*, sodass es nach dem Ableben des 1. Vermächtnisnehmers an den 2. Vermächtnisnehmer übergeht: Der 1. Vermächtnisnehmer hat also das Recht, über das geerbte Vermögen zu Lebzeiten zu verfügen, und nur der übrig bleibende Teil davon geht an den 2. Vermächtnisnehmer (De Residuo).

2. Das Recht des Vermächtnisnehmers, über das mit der De-Residuo-Bestimmung belastete Vermögen auch unentgeltlich (durch Schenkungen oder Testament) zu verfügen und somit die De-Residuo-Bestimmung außer Kraft zu setzen, müsste in jedem Fall explizit im Testament vorgesehen werden – dies wird außerdem in der Rechtslehre und Rechtsprechung kontrovers betrachtet.

e) Eine Generation überspringen

Indem Großeltern ihre Enkelkinder als Universalerben einsetzen, sparen sie auf familiärer Ebene Erbschaftsteuern, da bei späterem Ableben der Kinder, das Vermögen der Großeltern nicht noch einmal vererbt (von Kinder an Enkelkinder) - bzw. der Erbschaftsteuer unterworfen - wird. Dieses Einsetzen der Enkelkinder als Universalerben führt natürlich dazu, dass die Kinder um ihren Pflichtteil gebracht werden. Dieser ist jedoch, wie unter Teil 3, Kapitel 1, Punkt 2a) erklärt, nicht zwingend, sodass die Kinder bei Ableben der Großeltern auf die Anwendung des Pflichtteils, und somit auf die Verminderungsklage gegenüber ihren eigenen Kindern, verzichten können.

Mit dem Inkrafttreten des neuen Erbschaftsgesetzes zum 1. September 2018 können die Eltern diesen Verzicht auf Pflichtteil in der Erbschaft der Großeltern zugunsten der Kinder sogar bereits zu Lebzeiten der Großeltern in einem Erbvertrag vorsehen.

Dieses Instrument der Erbschaftsplanung ist vor allem für Großeltern interessant, deren Kinder bereits „aus dem Gröbsten raus sind", d.h. die das Vermögen - im Gegensatz zu ihren eigenen Kindern (also der Enkelkinder der Großeltern) - nicht mehr unbedingt brauchen oder zumindest weniger nötig haben.

Kapitel 2: Erbschaftsplanung anhand des Güterstands (Ehevertrag)

1. Einleitung

Der eheliche Güterstand ist eine der Säulen der Erbschaftsplanung, hauptsächlich zivil-, aber durchaus auch steuerrechtlich.
Um die Vermögens- und Erbschaftsplanung anhand eines Ehevertrags zu verdeutlichen, gilt es, zuerst die gesetzliche Zusammensetzung der Vermögen sowohl im Güterstand der Gütergemeinschaft als auch im Güterstand der Gütertrennung zu verstehen.

a) Vermögenszusammensetzung im Güterstand der Gütergemeinschaft

Die Vermögensaufteilung von Eheleuten, die unter dem Güterstand der Gütergemeinschaft (gesetzlicher Güterstand) verheiratet sind, kann vereinfacht wie folgt dargestellt werden:

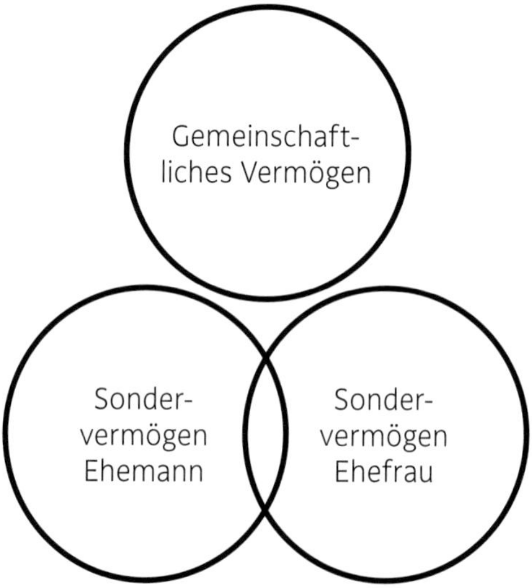

Das Sondervermögen eines Ehepartners setzt sich hauptsächlich aus allen Werten zusammen, die dieser Ehepartner vor der Ehe besaß, und all denen, die dieser Ehepartner während der Ehe durch Schenkung oder Erbschaft erhält.

Das gemeinschaftliche Vermögen setzt sich hauptsächlich aus sämtlichen Errungenschaften, Zugewinnen (Ersparnisse usw.) und Anschaffungen (Immobilien, Autos usw.) beider Ehepartner während der Ehe zusammen.

Eine detailliertere Erklärung der Begriffe „Sondervermögen", „gemeinschaftliches Vermögen",und „Gütergemeinschaft" finden Sie in Teil 5 (Begriffe).

Nach der Eheschließung sind also Änderungen im Sondermögen eines jeden der Ehepartner äußerst selten. Änderungen im gemeinschaftlichen Vermögen hingegen finden durch das tägliche Leben permanent statt.

Verstirbt einer der Ehepartner, so setzt sich seine Erbschaft aus seinem Sondervermögen und der Hälfte des gemeinschaftlichen Vermögens zusammen.

b) Vermögenszusammensetzung im Güterstand der Gütertrennung

Die Vermögensaufteilung von Eheleuten, die in ihrem Ehevertrag den Güterstand der Gütertrennung gewählt haben, kann vereinfacht wie folgt dargestellt werden:

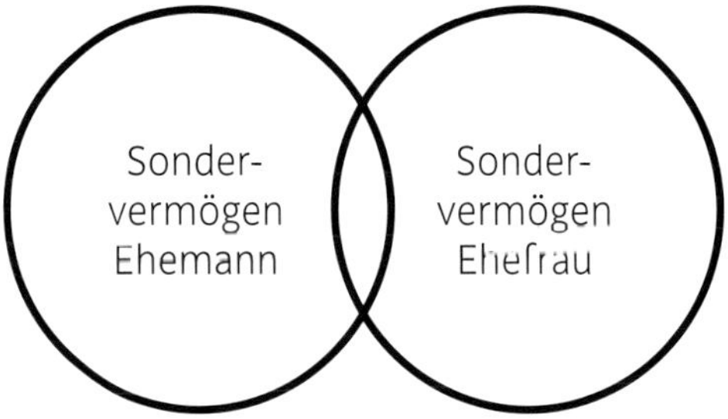

Ein gemeinschaftliches Vermögen ist nicht vorhanden, d.h. nach der Ehe verfügt jeder der Ehepartner – genau wie vor der Ehe – über sein eigenes Vermögen. Im Laufe der Ehe werden sich die Vermögen im Allgemeinen überschneiden, manchmal mehr, manchmal weniger, abhängig davon, wie sehr die Eheleute ihre Vermögen (z.B. anhand gemeinsamer Errungenschaften oder Konten auf beider Namen) vermischen.

Der Begriff „Gütertrennung" ist in Teil 5 (Begriffe) ausführlich erklärt.

2. Mögliche Änderungen der Zusammensetzung der Vermögen im Güterstand der Gütergemeinschaft

a) Einlage eines oder mehrerer spezifischer Werte

Die unter 1. erklärte Zusammensetzung der Sonder- und des gemeinschaftlichen Vermögens kann vertraglich angepasst werden. Diese vertragliche Anpassung geschieht durch Ehevertrag (bzw. Änderung des bereits bestehenden Ehevertrags) vor dem Notar Ihrer Wahl.

So können die Eheleute beispielsweise vereinbaren, das gemeinschaftliche Vermögen um heutige oder zukünftige Güter zu erweitern, die sich andernfalls im Sondervermögen eines der Ehepartner befinden würden. Man kann also von einer „Vergemeinschaftlichung" gewisser Werte des Sondervermögens sprechen.

Diese Einlage eines Wertes (z.B. einer Immobilie) durch einen Ehepartner aus seinem Sondervermögen in das gemeinschaftliche Vermögen ist eine interessante und sehr kostengünstige Möglichkeit, den überlebenden Ehepartner zu begünstigen.

Die Einlage in das gemeinschaftliche Vermögen ist nicht die einzige Möglichkeit, den Ehepartner zu begünstigen. Diese Möglichkeit bietet ebenfalls ein Testament oder die sogenannte „Schenkung auf den Längstlebenden" (siehe Teil 3, Kapitel 4, Punkt 6). Jedoch dadurch, dass aufgrund der Einlage in die Gütergemeinschaft, der andere Ehepartner hälftig Eigentümer wird, fällt nur die eine Hälfte der eingebrachten Immobilie in den Nachlass des Erstverstorbenen. Folglich ist auch die Erbschaftsteuer geringer.

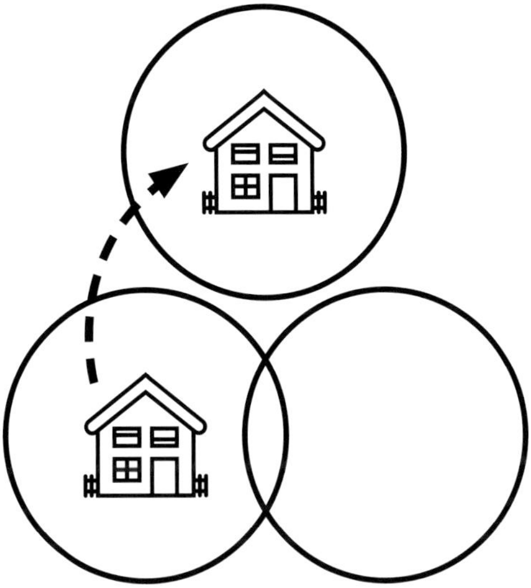

Beispiel 36: Die Eheleute „M" und „F" sind kinderlos und in Ermangelung eines Ehevertrags unter dem gesetzlichen Güterstand der Gütergemeinschaft verheiratet. F hat von seinen Eltern ein Grundstück geerbt, auf dem das Ehepaar ein Familienwohnhaus gebaut hat. Als Alleineigentümer des Grundstücks ist F ebenfalls Alleineigentümer des Familienwohnhauses (M hätte bestenfalls Anrecht auf eine Entschädigung für gewisse Eigenmittel, die er für den Bau und den Unterhalt der Immobilie beigesteuert hat).

Ohne Einlage in das gemeinschaftliche Vermögen: Da sich das Wohnhaus in Fs Sondervermögen befindet, erbt M unter der gesetzlichen Erbfolge den Nießbrauch des Familienwohnhauses und die nächsten Blutverwandten (z.B. drei Vetter) von F erben das bloße Eigentum des Familienwohnhauses. Dies ist häufig nicht im Sinne des kinderlosen Ehepaares.

Mit Einlage in das gemeinschaftliche Vermögen: F bringt also das Familienwohnhaus aus ihrem Sondervermögen in das gemeinschaftliche Vermögen ein. In diesem Fall erbt M in Fs Nachlass das volle Eigentum des Familienwohnhauses, da der überlebende Ehepartner im gesetzlichen Güterstand – in Ermangelung von Nachkommen – das gemeinschaftliche Vermögen im vollen Eigentum erbt.

Die Einlage in das gemeinschaftliche Vermögen kann kombiniert werden mit Klauseln, die die Aufteilung des gemeinschaftlichen Vermögens z.B. im Todesfall oder bei Scheidung vorsehen. Dieser weitere Aspekt der Erbschaftsplanung ist unter Punkt 4 in diesem Kapitel erklärt.

b) Allgemeine Gütergemeinschaft: Verschmelzung sämtlicher Güter der Ehepartner

Die Ehepartner können auch wählen, sämtliche jetzigen und zukünftigen Güter (beweglich oder unbeweglich, Werte oder Schulden) im gemeinschaftlichen Vermögen zu halten. In diesem Güterstand, der sich „allgemeine Gütergemeinschaft" nennt, besteht kein Sondervermögen mehr, sondern nur das gemeinschaftliche Vermögen. Folglich sind bzw. werden auch alle Werte, die einer der Ehepartner erbt oder durch Schenkung erhält, automatisch Teil des gemeinschaftlichen Vermögens.

Schematisch stellt sich die Annahme einer allgemeinen Gütergemeinschaft, ausgehend von einer einfachen/klassischen Gütergemeinschaft, wie folgt dar.

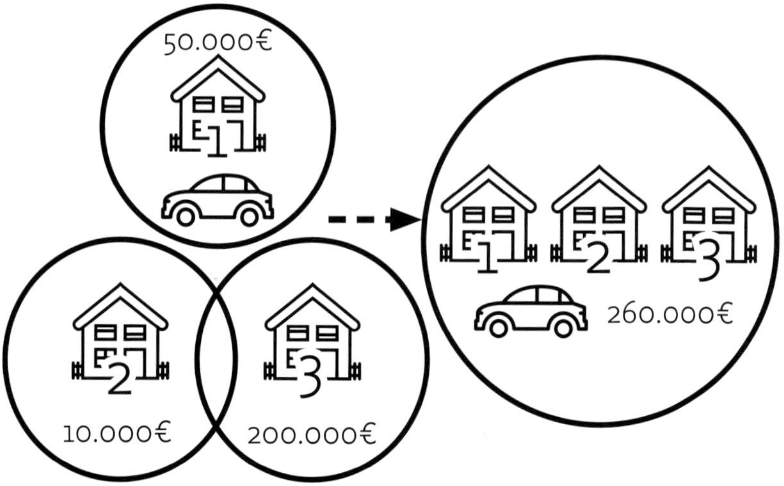

3. Schaffung und Zusammensetzung eines begrenzten gemeinschaftlichen Vermögens im Güterstand der Gütertrennung

Wie unter Punkt 1 in diesem Kapitel erklärt, setzt sich der Güterstand der Gütertrennung lediglich aus den beiden (Sonder-)vermögen der Ehepartner zusammen, die gegebenenfalls Schnittmengen miteinander haben, für die im Miteigentum stehenden Vermögenswerte (z.B. ein auf beide Namen geöffnetes Konto, eine zusammen gekaufte Immobilie).

Ein drittes, gemeinschaftliches Vermögen ist im Prinzip nicht vorhanden, kann jedoch vertraglich vorgesehen werden. In diesem Fall wird eine sogenannte „begrenzte Gesellschaft" dem Güterstand der Gütertrennung beigefügt. Diese begrenzte Gesellschaft hat nichts mit einer Gesellschaft im Sinne des Gesellschaftsgesetzbuches zu tun; es handelt sich vielmehr um eine dem Güterstand der Gütertrennung beigefügte Gemeinschaft ohne eigene Rechtspersönlichkeit. Die Eheleute können per Ehevertrag die Zusammensetzung dieses dritten Vermögens bestimmen sowie die Regeln für dessen Verwaltung und dessen Aufteilung bei der Auflösung des Güterstands (z.B. durch Todesfall oder Scheidung) festlegen.

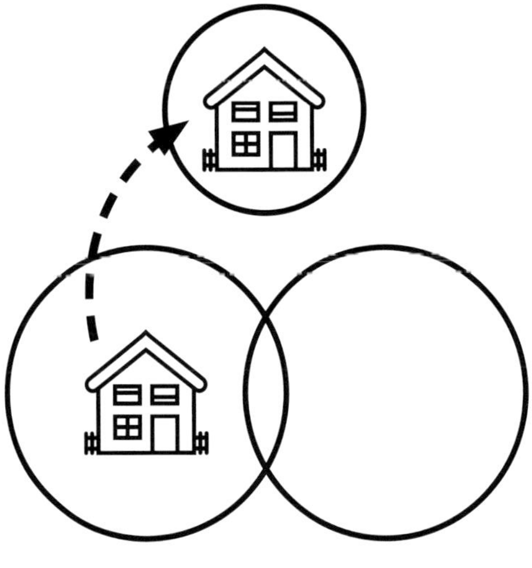

Beispiel 37: Die Eheleute „F" und „M" sind unter dem Güterstand der Gütertrennung verheiratet und haben ihr Familienhaus auf ein Grundstück gebaut, das allein F gehört. M ist handwerklich begabt und hat viele Arbeiten selbst ausgeführt. Nichtsdestotrotz ist F als Alleineigentümer des Grundstücks ebenfalls Alleineigentümer des darauf gebauten Familienwohnhauses (M hätte bestenfalls Anrecht auf eine Entschädigung für gewisse Eigenmittel, die er für den Bau und den Unterhalt der Immobilie beigesteuert hat).

Diese Situation, in der das juristische Eigentumsverhältnis nicht mit dem „gefühlt gerechten" oder gewünschten Eigentumsverhältnis übereinstimmt, ist ungünstig aus verschiedenen Gründen, z.B.:

- Bei einer *Trennung* gehört die Immobilie in jedem Fall F. Es wird aber zwangsweise Diskussionen über die Entschädigung geben, die M für die Arbeiten und das Geld, das er für den Bau und den Unterhalt der Immobilie beigesteuert hat, erhalten soll.
- Falls M und/oder F *Kinder aus einer vorherigen Beziehung haben*, werden letztendlich allein die Kinder von F (Eigentümerin der Immobilie) die Immobilie in der gesetzlichen Erbfolge erben. Falls F vor M verstirbt, wird M noch in Fs Erbschaft den lebenslangen Nießbrauch erben, doch spätestens bei Ms Ableben werden allein Fs Kinder Alleineigentümer der Immobilie, unter Ausschluss eventuell vorhandener Kinder von M. Hier findet also eine Vermögensübertragung von M (der in die Immobilie investiert bzw. diese mitfinanziert hat) an Fs leibliche Kinder (die die Immobilie letztendlich erben) statt, zulasten von Ms leiblichen Kindern, die leer ausgehen.
- In Fs *Todesfall* erbt M in der gesetzlichen Erbfolge „nur" den Nießbrauch des durch F hinterlassenen Vermögens. In der Praxis ist es häufig interessant, gewisse Vermögenswerte (vor allem Immobilien) in eine dem Güterstand der Gütertrennung beigefügte, begrenzte Gesellschaft einzubringen, um einerseits die Erbschaftsteuer im Nachlass des Erstversterbenden zu verringern und andererseits dem überlebenden Ehepartner zumindest die Wahl zu geben, gewisse Vermögenswerte der beigefügten Gesellschaft in

vollem Eigentum bei Todesfall des erstverstorbenen Ehepartners zu übernehmen (siehe Punkt 4 b) unten).

Die Einlage einer Immobilie in eine dem Güterstand der Gütertrennung beigefügte, begrenzte Gesellschaft ist vergleichbar mit der Einlage einer Immobilie in das gemeinschaftliche Vermögen im Güterstand der Gütergemeinschaft (siehe Punkt 2 in diesem Kapitel). Der große Unterschied ist jedoch, dass das Vermögen der dem Güterstand der Gütertrennung beigefügten, begrenzten Gesellschaft sich auf die Güter beschränkt, die die Eheleute sich entschieden haben, per Ehevertrag einzubringen.

Die Einlage von Vermögenswerten in eine dem Güterstand der Gütertrennung beigefügte, begrenzte Gesellschaft ist sehr häufig eine äußerst interessante und kostengünstige Möglichkeit, die die Vorteile der Gütertrennung mit einer Solidarität zwischen Ehepartner kombiniert, jedoch ohne dass der die Einlage tätigende Ehepartner befürchten muss, bei einer Trennung diese Vermögenswerte an den anderen Ehepartner zumindest teilweise zu verlieren: Die Einlage *kann* nämlich unter der auflösenden Bedingung einer Scheidung stattfinden. Wenn es zur Scheidung kommen sollte, würde die Einlage also rückwirkend annulliert und der Einbringer als alleiniger Eigentümer angesehen.

4. Die Auflösung des Güterstands

Bei einem Todesfall wird immer zuerst der Güterstand aufgelöst. Erst wenn geklärt ist, welche Werte aus dem Güterstand an den überlebenden Ehepartner übergehen, werden in einer zweiten Phase die Güter ermittelt, aus denen sich der Nachlass zusammensetzt. Die Regeln bezüglich der Aufteilung des Güterstands haben also neben den zivilrechtlichen Konsequenzen auch einen direkten Einfluss auf die Höhe der Erbschaftsteuer, da sie bestimmen, welche Werte aus dem Güterstand in den Nachlass fallen.

In Ermangelung von Sonderregeln, die im Ehevertrag festgehalten wären, wird das gemeinschaftliche Vermögen (bzw. die dem Güterstand der Gütertrennung beigefügte, begrenzte Gesellschaft) in zwei gleiche Hälften geteilt, wovon eine Hälfte an den überlebenden Ehepartner geht und die andere, zusammen mit dem Sondervermögen des Verstorbenen, dessen Nachlass bildet.

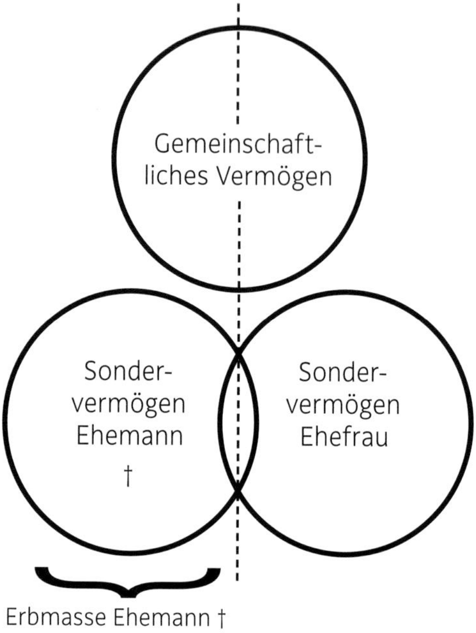

Ob im Güterstand der Gütergemeinschaft oder im Güterstand der Gütertrennung mit beigefügter, begrenzter Gesellschaft (siehe Punkt 3 in diesem Kapitel) können die Eheleute vom Prinzip „Teilung in zwei gleiche Teile des gemeinsamen Vermögens" abweichen und vorsehen, wie die Gütergemeinschaft bzw. die begrenzte Gesellschaft bei Tod oder Scheidung aufgelöst wird, d.h. wer zwischen den Ehepartnern welche Güter erhält, oder wer die Wahl hat, gewisse Güter für sich zu beanspruchen. Diese Wahl hat jedoch auch steuerliche Konsequenzen (siehe Teil 2, Kapitel 4, Punkt 3).

Man unterscheidet zwischen zwei Arten von Änderungsmöglichkeiten bei der Auflösung des Güterstands: Das Vorausvermächtnis und die Abweichung von der Regel der Teilung in zwei gleiche Hälften.

a) Das Vorausvermächtnis

Ehepartner können einander begünstigen, indem sie im Ehevertrag festlegen, dass im Todesfall des Erstversterbenden (d.h. der Moment, in dem der Güterstand durch das Ableben eines Ehepartners aufgelöst wird) der überlebende Ehepartner berechtigt ist, *vor der Aufteilung* des gemeinschaftlichen Vermögens bzw. der begrenzten Gesellschaft, daraus bestimmte Werte (bewegliche oder unbewegliche Güter) zu entnehmen.

Dieses im Ehevertrag vorgesehene Vorausvermächtnis wird nicht als Schenkung betrachtet (außer für die Güter, die der erstverstorbene Ehepartner in das gemeinschaftliche Vermögen eingebracht hat, sowie bei Vorhandensein von Kindern aus einer anderen Beziehung, falls der überlebende Partner dadurch mehr als die Hälfte des gemeinschaftlichen Vermögens erhält). Das bedeutet u.a., dass die übertragenen Werte nicht in die Rechnung der Pflichtteilansprüche der Kinder mit einbezogen werden. Falls der überlebende Ehepartner durch dieses Vorausvermächtnis mehr als die Hälfte des gemeinschaftlichen Vermögens erhält, werden Erbschaftsteuern auf den Teil, der die Hälfte übersteigt, fällig (siehe Teil 2, Kapitel 4, Punkt 3).

Schematisch kann dies wie folgt dargestellt werden:

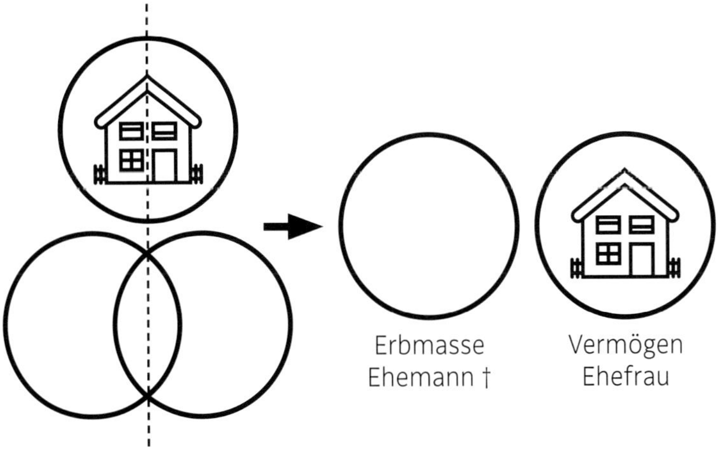

Ein Vorausvermächtnis kann z.B. in folgender Situation interessant sein: Ein Ehepaar ist unter dem Güterstand der Gütergemeinschaft verheiratet und geht einer selbstständigen Berufstätigkeit nach (z.B. Bäcker). Hier macht es durchaus Sinn, im Ehevertrag ein Vorausvermächtnis über die Bäckerei mit allem, was dazu gehört, für den überlebenden Ehepartner vorzusehen, damit der Betrieb nicht in die Erbschaft fällt (keine Erbschaftsteuer) und nicht teilweise Eigentum der Kinder wird.

Ein Vorausvermächtnis kann auch *optional* vorgesehen werden, d.h. dem Begünstigten wird die Möglichkeit gegeben, zum Zeitpunkt der Erbschaft (und nicht schon bei Unterzeichnung des Ehevertrags) zu wählen, ob er bestimmte Güter aus dem gemeinschaftlichen Vermögen vor der Teilung dieses Vermögens entnimmt oder nicht. Die Entscheidung wird dann durch den Begünstigten erst bei Ableben des Erstverstorbenen getroffen, abhängig von seiner finanziellen Situation und des Hausfriedens in diesem Moment. (Die aktuelle Position der flämischen Steuerverwaltung VLABEL diesbezüglich führt im Norden des Landes in diesem Thema zu Unsicherheit.)

b) Abweichung von der Regel der Teilung in zwei gleiche Hälften

Die Teilung des gemeinschaftlichen Vermögens (bzw. der beigefügten Gesellschaft) in zwei gleiche Hälften bei Auflösung des Güterstands (durch Todesfall eines Ehepartners oder durch Scheidung) ist die gesetzliche Regelung. Sie findet jedoch nur Anwendung, wenn die Ehepartner nichts Gegenteiliges in ihrem Ehevertrag vorgesehen haben.

Mit anderen Worten steht es den Ehepartnern frei, in einem Ehevertrag (der vor oder während der Ehe geschlossen bzw. abgeändert werden kann) von dieser Regel abzuweichen und z.B. vorzusehen, dass der überlebende Ehepartner mehr als die Hälfte des gemeinschaftlichen Vermögens erhält.

Eine ungleiche Teilung des gemeinschaftlichen Vermögens (bzw. der beigefügten Gesellschaft) kann z.B. in folgender Situation interessant sein:

Beispiel 38: Ein junges Ehepaar hat zwei minderjährige Kinder. Falls einer der Ehepartner verstirbt, geht ein Teil des Vermögens des Erstverstorbenen auf die Kinder über. Auf familiärer Ebene bedeutet das, dass dieser Teil im Namen der Kinder bis zu ihrer Volljährigkeit blockiert ist und der überlebende Ehepartner weniger Flexibilität hat, um z.B. die Immobilie zu verkaufen, um anderswo neu zu starten. Etwaige Verfügungen bedürften dem Einverständnis des Friedensrichters, der das Interesse der Kinder prüft. Eine Zuweisungsklausel, die dem überlebenden Ehepartner die Möglichkeit gibt, sich mehr als die Hälfte (z.B. die gesamte) Gütergemeinschaft anzueignen, führt hier zu mehr Handlungsspielraum, da das Vermögen des Erstversterbenden somit nicht auf die Kinder übergeht und der überlebende Partner die Handlungshoheit behält.

In diesem Zusammenhang ist es ratsam, dass der Ehevertrag dem überlebenden Ehepartner eine Reihe von Möglichkeiten zugesteht, wie das gemeinschaftliche Vermögen aufzulösen ist. Abhängig von der finanziellen Situation, in der sich der überlebende Ehepartner bei Ableben des Erstverstorbenen befindet, kann der überlebende Ehepartner wählen, welchen Teil des gemeinschaftlichen Vermögens er übernimmt, z.B. zwischen folgenden Möglichkeiten:

- entweder die Hälfte in vollem Eigentum und die andere im Nießbrauch,
- oder die Gesamtheit in vollem Eigentum, was das bewegliche Vermögen betrifft, und eine Hälfte in vollem Eigentum und die andere Hälfte im Nießbrauch, was das unbewegliche Vermögen betrifft,
- oder für die Gesamtheit und in vollem Eigentum, mit der Auflage für den überlebenden Ehepartner die gesamten Passiva der besagten Gemeinschaft zu begleichen,
- usw.

In Kombination mit der Annahme des Güterstands der allgemeinen Gütergemeinschaft (siehe Teil 3, Kapitel 2, Punkt 2b) und das dort abgebildete Schema) führt die Zuteilungsklausel des gemeinschaftlichen Vermögens in vollem Eigentum dazu, dass der überlebende Ehepartner das gesamte Vermögen des Erstversterbenden erhält.

Da die Zuteilung per Ehevertrag und nicht per Erbschaft stattfindet, sind etwaige Pflichtteilanprüche der Kinder nicht anwendbar. Dieser Grundsatz hat folgende Ausnahmen, d.h. dass in diesen Fällen die Hälfte der zugeteilten Werte für die Pflichtteilberechnung der Kinder als Schenkung in Betracht gezogen wird:

1. Falls eine Einbringung von Gütern aus dem Sondervermögen des vorverstorbenen Ehepartners in das gemeinschaftliche Vermögen stattgefunden hat, und

- entweder durch eine Klausel des Vorausvermächtnisses
- oder durch eine Zuteilungsklausel

dem überlebenden Ehepartner zugewiesen wird. Hier wird die Hälfte der eingebrachten Güter als Schenkung angesehen.

2. Bei Vorhandensein von Kindern aus einer anderen Beziehung, falls der überlebende Ehepartner aufgrund einer Klausel des Ehevertrags mehr als die Hälfte des gemeinschaftlichen Vermögens erhält (auch wenn keine Einbringung aus dem Sondervermögen stattgefunden hat). Hier ist der an den Ehepartner zugewiesene Teil, der die Hälfte des gemeinschaftlichen Vermögens übersteigt, als Schenkung anzusehen und somit für die Pflichtteilansprüche der Kinder (sowie ggf. die Verminderungsklage) relevant.

> **Beispiel 39:** Vater („V") hat ein Kind („K") aus einer ersten Beziehung und heiratet ein zweites Mal. In die zweiten Ehe bringt er eine Immobilie von 500.000 € ein. Er möchte seiner Ehefrau den bestmöglichen Lebensstandard auch nach seinem Tod ermöglichen, sodass er mit ihr den Güterstand der allgemeinen Gütergemeinschaft annimmt mit einer Zuteilungsklausel, die dem überlebenden Partner die Möglichkeit gibt, das gesamte eheliche Vermögen bei Ableben des Erstversterbenden an sich zu nehmen. Stirbt V, so werden die

250.000 € als Schenkung angesehen. Das bedeutet, dass K seinen Pflichtteil von ½ im nackten Eigentum (siehe Teil 3, Kapitel 1, Punkt 2a)) auf diese 250.000 € geltend machen kann.

Dieses Bespiel zeigt die Grenze der Zuteilungsklausel: Das Gesetz möchte verhindern, dass anhand der Zuteilung per Ehevertrag die Kinder aus einer ersten Beziehung zugunsten des späteren Ehepartners vollständig um ihren Pflichtteil gebracht werden.

ICH HAB' DICH ERKANNT, ERNST-AUGUST...
MAN KANN AUCH ANDERS UM EINEN VORSCHUSS AUF ERBSCHAFT BITTEN...
TINE

Kapitel 3: Erbschaftsplanung anhand von Schenkungen

1. Einleitung

Schenkungen bieten sowohl steuer- als auch zivilrechtliche Planungsmöglichkeiten:

Steuerrechtlich, da die geschenkten Werte das Vermögen des Schenkers verlassen und somit nicht mehr Teil der zukünftigen Erbmasse sind, die der Erbschaftsteuer unterliegt.

Zivilrechtlich, da der Schenker bestimmt, welche(r) Wert(e) seines Vermögens welcher Person bzw. welchen Personen zukommt bzw. zukommen. Hier geht es also um die Ziele der Begünstigung des Beschenkten, aber auch um den Schutz des Schenkers.

Beispiel 40: Ein Ehepaar mit zwei Kindern besitzt neben seinem Familienhaus noch ein Baugrundstück. Sohn 1 lebt in Süddeutschland und hat an dem Grundstück kein Interesse. Sohn 2 möchte auf dem Baugrundstück in einigen Jahren bauen. Die Schenkung an Sohn 2 bewirkt, dass Sohn 2 alleiniger Eigentümer des Baugrundstückes wird. Geschieht die Schenkung nicht, erben beide Söhne unter der gesetzlichen Erbfolge die Hälfte des Baugrundstücks.

Erreichte Ziele:

- Steuerrechtlich: Die Übertragung des Grundstücks durch Schenkung ist günstiger als durch Erbschaft.
- Zivilrechtlich: Der Sohn, für den das Grundstück bestimmt ist, erhält es auch (ohne dass der andere notwendigerweise benachteiligt wäre – siehe Punkt 5a) in diesem Kapitel), und er kann es *bereits jetzt* bebauen.

Ich unterscheide in diesem Kapitel *drei Arten* von Schenkungen (Immobilienschenkung, Schenkungen von beweglichen Vermögen und Unternehmensschenkungen), da diese drei Arten von Schenkungen ganz unterschiedliche steuerliche Konsequenzen haben.

Außerdem werde ich verschiedene Modalitäten/Bedingungen erklären, die bezüglich jeder der drei Arten von Schenkung anwendbar gemacht werden können, z.B. um den Schenker finanziell zu schützen.

2. Immobilienschenkungen – Besteuerungsprozentsätze

In der Vergangenheit wurden Immobilienschenkungen in der Wallonischen Region und der Region Brüssel-Hauptstadt denselben Steuersätzen unterworfen wie die Erbmasse (siehe Teil 2, Kapitel 2, Punkte 1 und 2). Seit dem 1. Januar 2016 folgen diese beiden Regionen dem Beispiel der Flämischen Region und haben die Steuersätze der Immobilienschenkungen herabgesetzt. Diese Maßnahme ist äußert begrüßenswert und macht es somit günstiger als vorher, Vermögen zu Lebzeiten zu übertragen, und somit der hohen Erbschaftsteuer – insbesondere wenn man sich nicht in direkter Linie befindet – aus dem Weg zu gehen.

Die Besteuerungsprozentsätze von Immobilienschenkungen in der Wallonischen Region lauteten dann zwischen dem 1. Januar 2016 und dem 31. August 2018 wie folgt:

Besteuerungstranche	Steuersatz in direkter Linie, für Ehepartner und gesetzlich Zusammenwohnende
Von 0 bis 25.000 €	3%
Von 25.000 bis 100.000 €	4%
Von 100.000 bis 175.000 €	9%
Von 175.000 bis 200.000 €	12%
Von 200.000 bis 400.000 €	18%
Von 400.000 bis 500.000 €	24%
Alles über 500.000 €	30%

Besteuerungstranche	Zwischen Geschwistern
Von 0 bis 75.000 €	10%
Von 75.000 bis 175.000 €	20%
Von 175.000 bis 350.000 €	30%
Alles über 350.000 €	40%

Besteuerungstranche	Zwischen Onkel/Tanten, Neffen/Nichten
Von 0 bis 50.000 €	10%
Von 50.000 bis 150.000 €	20%
Von 150.000 bis 300.000 €	30%
Von 300.000 bis 450.000 €	40%
Alles über 450.000 €	50%

Die Wallonische Region hat, durch ein Dekret, das am 1. September 2018 in Kraft getreten ist, die Besteuerung von Immobilienschenkungen vereinfacht, sodass es ab diesem Datum nicht mehr vier sondern nur noch zwei Besteuerungskategorien gibt. Die Steuersätze sind seitdem dieselben wie die, die vorher bereits für Immobilienschenkungen in der Brüsseler Region und der Flämischen Region gelten, nämlich:

Besteuerungstranche	Steuersatz in direkter Linie, für Ehepartner und gesetzlich Zusammenwohnende	Für alle anderen
Von 0 bis 150.000 €	3%	10%
Von 150.000 bis 250.000 €	9%	20%
Von 250.000 bis 450.000 €	18%	30%
Alles über 450.000 €	27%	40%

Durch Inkrafttreten des Dekrets hat also die Steuer bei Immobilienschenkungen in der Wallonischen Region noch einmal (nach 2016) gesenkt. Dies hat dazu geführt, dass der Unterschied zwischen der Schenkungssteuer und der Erbschaftsteuer noch größer geworden ist, als dies ohnehin bereits der Fall war. Folglich macht das Dekret eine Erbschaftsplanung finanziell noch interessanter.

Zwei wichtige Bemerkungen zu Immobilienschenkungen:

1. *Nach Ablauf von drei Jahren* können die niedrigen Besteuerungsprozentsätze wieder geltend gemacht werden. Anders ausgedrückt: Alle drei Jahre werden die „Zähler" der Immobilienschenkungen zwischen gleichen Parteien wieder auf null gesetzt. Alle Immobilienschenkungen, die hingegen *innerhalb von drei Jahren* ab einer Immobilienschenkung geschehen sind, werden für die Ermittlung des Besteuerungsprozentsatzes dieser Immobilienschenkung berücksichtigt.

Beispiel 41: Mutter A, wohnhaft in Lüttich, schenkt Sohn B am 1.1.2020 ein Studio im Wert von 150.000 €. Die Schenkung wird nach den oben aufgeführten Prozentsätzen besteuert, sodass die Schenkungssteuer 4.500 € beträgt.
Findet eine weitere Immobilienschenkung (Wert z.B 100.000 €) vor dem 1.1.2023 statt (also innerhalb der drei nächsten Jahre), können die Tranchen von 3 % nicht noch einmal ausgeschöpft werden, sodass diese weitere Immobilien schenkung dem anwendbaren Besteuerungssatz zwischen 150.000 € und 250.000 €, d.h. 9%, unterworfen ist. 9.000 € fallen somit auf diese zusätzliche Immobilienschenkung an.

Geschieht die zusätzliche Immobilienschenkung jedoch nach dem 1.1.2023 (also mindestens drei Jahre nach der ersten Schenkung), findet die Progressivität keine Anwendung und die Steuertranche bis 150.000 € kann wiederum ausgeschöpft werden. Die Besteuerung der zusätzlichen Schenkung läge hier mit 3.000 € also deutlich unter den 9.000 €, die für eine zusätzliche Schenkung innerhalb der drei Jahre nach der ersten Schenkung anfallen würden.

Das Ausschöpfen der niedrigen Besteuerungstranchen alle drei Jahre veranlasst viele Menschen, Immobilienschenkungen oder Immobilienanteilschenkungen (z.B. ⅓ eines Hauses im Wert von 500.000 €) an ihre Kinder alle drei Jahre zu tätigen.

2. Die Besteuerungsprozentsätze und die damit verbundene „Ausschöpfung" der niedrigen Tranchen werden pro Schenker und pro Beschenkten berechnet.

Beispiel 42: Mutter A und Vater B, beide aus Eupen, schenken ihren beiden Söhnen (C und D) eine Immobilie im Wert von 600.000 €. Hier finden vier Schenkungen à 150.000 € statt (A an C, A an D, B an C und B an D) und alle vier Schenkungen kommen in den Genuss der niedrigen Tranchen. Diese Schenkungen würden insgesamt mit 4.500 € x 4 = 18.000 € besteuert. Würde dieselbe Immobilienschenkung im Wert von 600.000 € nur zwischen z.B. Vater B und Sohn D stattfinden, so könnten die niedrigen Tranchen nur einmal ausgeschöpft werden und die Schenkungssteuer läge bei 90.000 € (und somit deutlich über den 18.000 €, die anfallen, wenn die niedrigen Tranchen viermal ausgeschöpft werden können).

3. Schenkungen von beweglichem Vermögen

Schenkungen von beweglichem Vermögen (z.B. Geld auf Bankkonten, Schuldforderungen, Anteile in Gesellschaften) sind steuerlich deutlich günstiger als Immobilienschenkungen und können *prinzipiell* auf zwei verschiedene Arten und Weisen getätigt werden: Nicht besteuert (a) oder notariell bzw. besteuert (b) – es gibt Ausnahmen, wie z.B. die Schenkung von Gesellschaftsanteilen mit Nießbrauchvorbehalt, die *nur* notariell getätigt werden können, um rechtkräftig zu sein:

a) Nicht registrierte/besteuerte Schenkung: Indirekte Schenkung, Handschenkung, verschleierte Schenkung

Eine Schenkung kann getätigt werden, indem das Geld vom Konto des Schenkers auf das Konto des Beschenkten überwiesen wird, indem Bargeld oder ein anderer beweglicher Gegenstand „von Hand zu Hand" übergeben wird, oder indem die Schenkung unter dem Deckmantel eines entgeltlichen Vertrags verschleiert wird.

Im ersten Fall spricht man von einer *indirekten* Schenkung, da sie durch ein neutrales Instrument – die Überweisung – getätigt wurde. Man kann anhand der Überweisung nicht erkennen, ob es sich um eine entgeltliche (Zahlung einer erbrachten Leistung) oder unentgeltliche (Schenkung) Zuwendung handelt. In der Mitteilung der Überweisung muss das Wort „Schenkung" vermieden werden.

Im zweiten Fall spricht man von einer *Handschenkung*, da die Schenkung durch die Übergabe „von Hand zu Hand" stattfindet.

Im dritten Fall spricht man von einer *verschleierten* Schenkung. Die verschleierte Schenkung geschieht unter dem Deckmantel eines entgeltlichen Vertrags, z.B. kann der Immobilienverkauf für einen Wert von 100.000 €, obwohl der wirkliche Wert 150.000 € ist, eine verschleierte Schenkung über 50.000 € darstellen.

Die indirekte Schenkung, die Handschenkung und die verschleierte Schenkung haben gemeinsam, dass die Steuerverwaltung davon *a priori* keine Kenntnis hat und demnach keine Steuer erhoben wird. Es besteht auch keine Pflicht, eine solche Schenkung der Steuerverwaltung anzuzeigen; das Nichtanzeigen ist völlig legal.

Das freiwillige Anzeigen dieser Schenkung bei der Steuerverwaltung führt dazu, dass Steuern auf die Schenkung erhoben werden. Die Steuersätze dieser Schenkungen von beweglichen Gütern sind äußerst gering und – anders als bei Immobilienschenkungen – einheitlich/linear (d.h. derselbe Prozentsatz, egal wie hoch der Wert des Geschenkten ist).

Die Besteuerungsprozentsätze für Schenkungen von beweglichen Gütern lauten wie folgt:

Verwandtschaftsgrad	Wohnsitz des Schenkers		
	Wallonische Region	Brüsseler Region	Flämische Region
In direkter Linie, für Ehepartner und gesetzlich Zusammenwohnende	3,3%	3%	3%
Für alle anderen, verwandt oder nicht	5,5%	7%	7%

Wird die Schenkung *nicht freiwillig angezeigt* (was wie erwähnt absolut legal ist), erfolgt bei der Schenkung keine Besteuerung. Dies bleibt auch so, wenn der Schenker drei Jahre nach der Schenkung noch lebt. In diesem Fall würden bezüglich dieser Schenkung also nie Steuern erhoben. Stirbt der Schenker jedoch innerhalb der drei Jahre nach der nicht registrierten Schenkung, so wird das Geschenkte fiktiv wieder in die Erbmasse einverleibt und der Erbschaftsteuer unterworfen. Da die Erbschaftsteuer in der Regel bedeutend höher ist als die Schenkungssteuer von beweglichen Gütern, kann man in solchen Situationen sagen, dass der Beschenkte sich „verpokert" hat: Hätte er die Schenkung freiwillig registriert, wären deutlich weniger Steuern fällig geworden (unter der Voraussetzung, dass der Beschenkte und der Erbe ein- und dieselbe Person sind).

Zum weiteren Verständnis verweise ich auf Teil 2, Kapitel 4, Punkt 1.

Diese 3-Jahresfrist ist in der Wallonischen Region seit 1. Januar 2022 auf fünf Jahre angehoben worden. Maßgebend ist der Moment, an dem die nicht besteuerte Schenkung erfolgte. Wenn dies vor dem 1. Januar 2022 war, muss der zukünftige Erblasser noch drei Jahre nach Schenkung leben, damit der Gegenwert der Schenkung nicht Teil der Besteuerungsgrundlage der Erbschaftsteuer wird. Geschah dies nach dem 1. Januar 2022, sind es fünf Jahre.

Die Besteuerung von Schenkungen in der Wallonischen Region ist in folgendem Schema zusammengefasst.

Besteuerung von Schenkungen

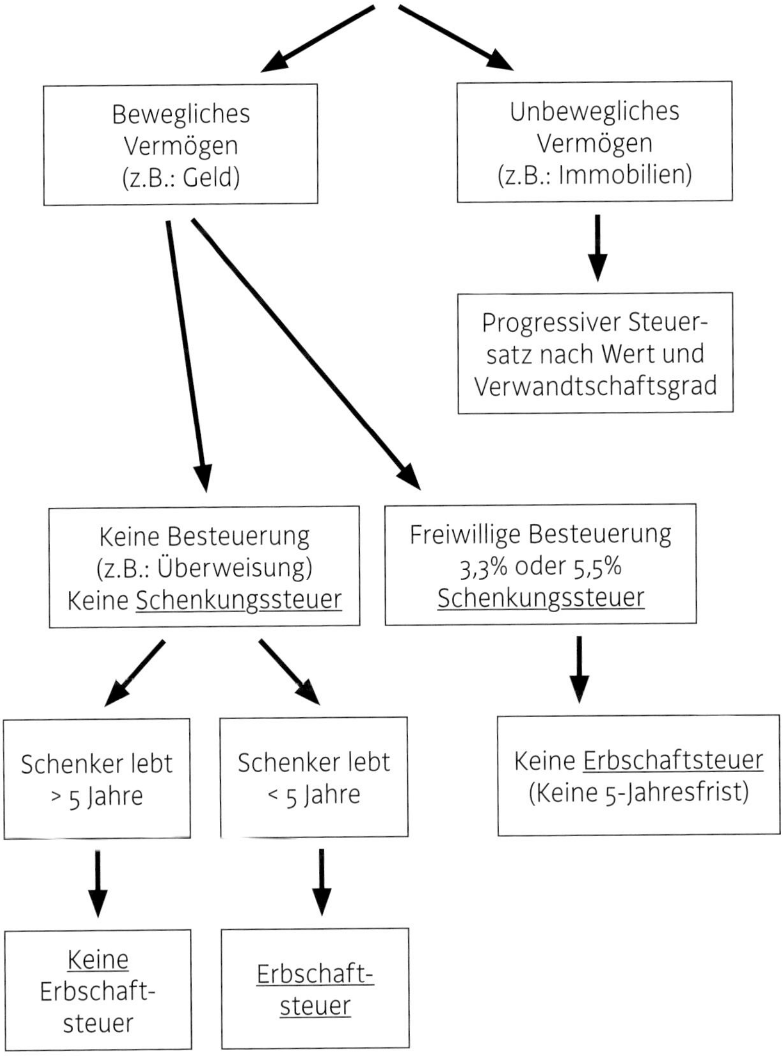

b) Notarielle Schenkung – registrierte/besteuerte Schenkung

Geschieht eine Schenkung von beweglichen Gütern durch notarielle Urkunde, fallen die unter a) erwähnten Steuern am Tag der notariellen Urkunde an. Da jede notarielle Urkunde beim Steueramt hinterlegt werden muss, hat die Steuerverwaltung zwangsläufig Kenntnis von der Schenkung, und die (günstigsten) Registrierungsgebühren für Schenkungen von beweglichen Gütern werden fällig.

Die Konsequenz der Besteuerung ist, dass die vorerwähnte Dreijahresfrist, die der Schenker überleben muss, damit das Geschenkte nicht der Erbschaftsteuer unterworfen wird, nicht anwendbar ist. Mit anderen Worten: Verstirbt der Schenker – und seien es nur Augenblicke nach Unterzeichnung der notariellen Schenkungsurkunde –, werden keine zuzüglichen Erbschaftsteuern zu den günstigen Registrierungsgebühren für Schenkungen von beweglichen Gütern fällig.

4. Betriebsschenkung und Schenkung von Agrarland: 0% Steuern

Das Steuerrecht der Wallonischen Region bietet die Möglichkeit, Betriebsvermögen *steuerfrei* zu schenken, falls gewisse Bedingungen erfüllt sind. Ziel dieser Maßnahme ist es, die Kontinuität des Betriebs aufrechtzuerhalten und Arbeitsplätze zu schützen.

Die Bedingungen, die für eine steuerfreie Schenkung von Betriebsvermögen oder Agrarland erfüllt sein müssen, sind dieselben wie die für eine steuerfreie Übertragung im Todesfall. Ich verweise diesbezüglich auf Teil 2, Kapitel 3, Punkte 5 und 6.

Abschließend sei zu diesem Thema noch gesagt, dass Schenkungen von Betriebsvermögen bzw. Agrarland im vollen oder bloßen Eigentum stattfinden können und sich über das Ganze oder einen Prozentsatz (bei Anteilen jedoch mindestens 10%) des Betriebs erstrecken können.

5. Modalitäten der Schenkung

Die Parteien können ihre Schenkung gewissen Bedingungen, Einschränkungen und Modalitäten unterwerfen.

Hier sind der Kreativität, unter Berücksichtigung der zwei nachgenannten Einschränkungen, keine Grenzen gesetzt:

Einerseits – und das ist nichts Besonderes – dürfen die Modalitäten aufgrund allgemeinen Vertragsrechts nicht sittenwidrig sein oder gegen die öffentliche Ordnung verstoßen.

Andererseits – und dies ist wichtig und ausschließlich bei Schenkungen der Fall –, dürfen die Bedingungen nicht dazu führen, dass der Schenker noch die uneingeschränkte Verwaltungs- und Verfügungsgewalt über die geschenkten Güter hat: „Schenken und Behalten geht nicht", lautet ein allgemeines Rechtsprinzip. In der Praxis ist es nicht unüblich, dass Leute Schenkungen vornehmen möchten, um ihren Kindern Erbschaftsteuern zu ersparen, aber gleichzeitig darum bitten, in dem Schenkungsvertrag vorzusehen, dass die geschenkten Gelder bis zu ihrem Tod uneingeschränkt in ihrem Besitz bleiben. Selbst wenn diese Vorgehensweise bei einer Schenkung nicht möglich ist, so gibt es dennoch ausreichend andere Techniken, durch die der Schenker sich eine mehr oder weniger große Entscheidungsgewalt vorenthält und die Eigentumsrechte (volles oder bloßes Eigentum) trotzdem mit der Schenkung auf den Beschenkten übergehen, d.h. mit Blick auf die Erbschaftsteuer, das Vermögen des Schenkers verlassen haben.

Die gängigsten Bedingungen und Modalitäten einer Schenkung sind folgende:

a) Gleichberechtigung der Kinder oder nicht: Schenkung „im Voraus auf zukünftige Erbschaft" oder „außer Erbteil"?

In den meisten Fällen ist es der Wunsch der Eltern, ihre Kinder finanziell gleich zu behandeln. Demnach kommt bei einer geplanten

Schenkung an ein Kind üblicherweise die Frage auf, wie man die Gleichberechtigung zu dem oder den anderen Kind(ern) gewährleisten kann.

Geschieht eine Schenkung im Voraus auf zukünftige Erbschaft, so bedeutet das, dass die Schenkung am Todestag des Schenkers auf den Erbschaftsteil des Beschenkten angerechnet wird. Folglich erhält das Kind, zugunsten dessen die Schenkung getätigt wird, durch diese Schenkung *nicht mehr* als die anderen Kinder, sondern *nur früher.*

Geschieht die Schenkung außer Erbteil und ohne Erstattungspflicht, so bedeutet das, dass die Schenkung am Todestag des Schenkers auf den frei verfügbaren Erbteil angerechnet wird und nicht auf den Erbteil des Beschenkten. Folglich schafft eine solche Schenkung eine Ungleichheit. Schenkungen zugunsten von nicht Erbberechtigten unter der gesetzlichen Erbfolge geschehen zwangsläufig *außer Erbteil.*

> **Beispiel 43:** Vater A hat zwei Kinder (Sohn B, 18 Jahre alt und Tochter C, 28 Jahre alt). Tochter C möchte ein Haus erwerben und Vater A möchte sie dabei mit 50.000 € finanziell unterstützen. Vater A möchte allerdings einerseits keine Ungleichheit zwischen seinen Kindern schaffen und andererseits seinem 18 Jahre alten Sohn noch kein Barvermögen von 50.000 € zur Verfügung stellen.
>
> Indem vorgesehen wird, dass die Schenkung der 50.000 € an die Tochter *im Voraus auf zukünftige Erbschaft* geschieht, erreicht Vater A sein Ziel: Verstirbt er, ohne dass er die Gelegenheit hatte, Sohn B ebenfalls 50.000 € zu schenken, wird Sohn B nichtsdestotrotz finanziell mit Tochter C gleichwertig behandelt, da die Schenkung an Tochter B auf ihren Erbanteil angerechnet wird. Hinterlässt Vater A an seinem Tod z.B. 250.000 €, so erhalten Sohn B 150.000 € und Tochter C 100.000 €, da sie bereits 50.000 € zu Lebzeiten erhalten hat. Somit haben beide insgesamt 150.000 € erhalten.

NA TOLL...
SELBST WENN ER NICHT SO AUSSIEHT, ABER IHR VATER WIRD NOCH 100 JAHRE!
TINE

Geschähe dieselbe Schenkung *außer Erbteil und ohne Erstattungspflicht*, so würden die an Tochter C geschenkten 50.000 € auf den frei verfügbaren Teil der Erbschaft angerechnet (der durch diese Schenkung nicht überschritten wäre und folglich keine Verminderungsklage möglich wäre – siehe Kapitel 1, Punkt 2a) in diesem Teil 3). Somit erhielt jeder der beiden Kinder die Hälfte des hinterlassenen Vermögens zum Todestag (250.000 € : 2 = 125.000 €). Insgesamt haben Tochter C also 175.000 € und Sohn B 125.000 € erhalten.

In der Bewertung der geschenkten Werte (im Voraus auf zukünftige Erbschaft oder außer Erbteil) wird *aktuell noch* zwischen beweglichen und unbeweglichen Gütern unterschieden: Bei beweglichen Gütern gilt der Wert am Tag der Schenkung, bei unbeweglichen Gütern gilt der Tag der Teilung zwischen den Erben. Diese ungleiche Behandlung führt bei der Bewertung von Immobilien mitunter zu erheblichen Wertunterschieden, da der Tod und somit die Teilung ja Jahrzehnte nach der Schenkung erfolgen könnten.

Dieser Unterschied in der Bewertung wird mit Inkrafttreten des neuen Erbschaftsgesetzes zum *1. September 2018* aufgehoben: Für die Bewertung sowohl von beweglichen als auch von unbeweglichen Gütern ist, in Ermangelung einer abweichenden vertraglichen Regelung, nur noch der Wert am Tag der Schenkung maßgebend.

b) Nießbrauchvorbehalt

Häufig vorgesehen wird der Nießbrauchvorbehalt des Schenkers.

Durch den Nießbrauchvorbehalt wird erreicht, dass der Schenker zu seinen Lebzeiten weiterhin die sogenannten Früchte des Geschenkten (bei Immobilien ist das die Miete bzw. das Wohnrecht) erhält, das bloße Eigentum jedoch auf den Beschenkten übertragen wird. Dadurch, dass der Nießbrauch ein Leibrecht ist, d.h. mit dem Ableben des Nießbrauchers erlischt, verwandelt sich das bloße Eigentum des Beschenkten beim Tod des Schenkers in ein volles Eigentum, ohne dass diesbezüglich irgendeine Erbschaftsteuer anfällt.

Schenkungen mit Nießbrauchvorbehalt sind typische Erbschaftsplanungen, in denen der Planer/Schenker sich einerseits weiterhin Einkünfte sichert und andererseits seinen Erben die Erbschaftsteuer erspart.

Eine Schenkung mit Nießbrauchvorbehalt kann zusätzlich mit anderen Klauseln und Bedingungen (so wie in den folgenden Absätzen erklärt) bestückt werden, die z.B. die Verfügungsgewalt des Beschenkten einschränken.

c) Rückfallrecht

Schenkungsverträge oder -urkunden sehen in den meisten Fällen ein Rückfallrecht vor. Das Rückfallrecht bewirkt, dass, falls der Beschenkte vor dem Schenker verstirbt, Letzterer die Möglichkeit hat, die geschenkten Werte steuerfrei zurückzunehmen.

Ziel dieser Modalität ist es meistens, zu vermeiden, dass der Schenker bei Vorableben des Beschenkten auf das Geschenkte noch einmal Erbschaftsteuer zahlen muss, da der Schenker Erbe des verstorbenen Beschenkten ist.

> **Beispiel 44:** Vater A schenkt seinem noch ledigen und kinderlosen Sohn B eine Wohnung. B verstirbt viel zu früh durch einen Autounfall. A ist als Vater Erbe von B und müsste auf das durch B hinterlassene Vermögen (also auch auf die geschenkte Wohnung) Erbschaftsteuern zahlen. Übt der Schenker (A) das (hoffentlich) in der Schenkungsurkunde vorgesehene Rückfallrecht aus, so bewirkt dies, dass die Wohnung sich im Vermögen des Schenkers wiederfindet, als sei sie nie geschenkt worden, d.h. ohne durch die Erbschaft übertragen zu werden und demnach, ohne dass Erbschaftsteuern zulasten von A anfallen.

Das Rückfallrecht kann dem Einzelfall angepasst werden. Die Parteien einer Schenkung können z.B. vorsehen, dass das Rückfallrecht nur anwendbar ist, wenn der Beschenkte verstirbt, ohne Nachkommen zu hinterlassen. Oder dass – damit das Rückfallrecht Anwendung findet – der Schenker innerhalb einer gewissen Frist nach Ableben des Beschenkten schriftlich bestätigen muss, das Recht auszuüben. Falls er dies nicht tut, wird unwiderruflich vermutet, dass er auf die Anwendung des Rückfallrechts verzichtet.

Unter der aktuellen Position der flämischen Steuerverwaltung VLABEL wird das optionale Rückfallrecht besteuert. Folglich muss über die Anwendung oder nicht des Rückfallrechts – falls der Schenker seinen gewöhnlichen Wohnsitz in der Flämischen Region hat – abschließend in der Schenkungsakte entschieden werden.

d) Auflagen/Lasten

Eine Schenkung kann einfach und anspruchslos geschehen oder aber Auflagen oder Lasten zugunsten des Schenkers, eines Dritten oder sogar des Beschenkten unterworfen werden.

Hier einige Beispiele solcher Auflagen und Lasten:

- Schenkung unter der Auflage, dem Schenker eine lebenslange monatliche Rente von x € zu zahlen.
- Schenkung unter der Auflage, den Schenker zu pflegen oder für Pflege und Unterhalt finanziell aufzukommen.
- Geldschenkung unter der Auflage, die geschenkten Summen für einen Hochschul- bzw. Universitätsabschluss zu gebrauchen.
- Schenkung unter der Auflage, die Hälfte des Geschenkten für den Lebensunterhalt des behinderten Geschwisterteils zu gebrauchen.
- Schenkung einer Wohnung unter der Auflage, die Hälfte des Wertes der Wohnung an den anderen Geschwisterteil auszuzahlen.

Die Höhe der Auflagen darf jedoch den Wert des Geschenkten nicht überschreiten, sodass der Beschenkte nicht befürchten muss, dass die Schenkung sich als Danaergeschenk entpuppt.

e) Bedingungen, die die freie Verfügungsgewalt des Beschenkten einschränken

Es kommt nicht selten vor, dass Eltern einerseits mit Hinblick auf eine Erbschaftsplanung Vermögen auf ihre Kinder übertragen möchten, jedoch andererseits das Risiko vermeiden wollen, dass die noch zu jungen Kinder dieses Vermögen schlecht verwalten.

Für diese und für andere Fälle ist es möglich, die Schenkung mit Klauseln zu versehen, die die Verfügungsgewalt des Beschenkten einschränken.

Folgende Klauseln können u.a. vorgesehen werden:

1. Zeitlich begrenztes Verbot, das Geschenkte zu veräußern oder mit dinglichen Rechten zu belasten

Bei Schenkungen in bloßem Eigentum, d.h. mit Nießbrauchvorbehalt (siehe Punkt a) oben), möchte der Schenker bewirken, dass der bloße Eigentümer – solange der Schenker lebt – der Beschenkte bleibt (da der Beschenkte z.B. seine Tochter ist) und nicht ein unbekannter Dritter.

Handelt es sich um Familienvermögen (im Sinne der Blutsverwandtschaft) und der Schenker möchte sicherstellen, dass die geschenkten Werte nicht an den Ehepartner des Beschenkten übergehen, kann diesbezüglich eine Klausel in der Schenkungsurkunde eingebaut werden.

2. Verwaltungsvollmacht des Schenkers, bis der Beschenkte ein gewisses Alter erreicht hat

Wenn der Schenker dafür sorgen möchte, dass der Beschenkte erst mit einem gewissen Alter (und folglich der erhofften Reife) über das Geschenkte (z.B. ein in vollem Eigentum geschenkten Aktiendepot) verfügen kann, kann dies anhand einer Verwaltungsvollmacht in der Schenkungsurkunde erreicht werden.

3. Unterstützung bei der Verwaltung

Falls der Schenker sicherstellen möchte, dass die Verwaltung des Geschenkten durch qualifizierte Personen begleitet wird, kann in der Schenkungsurkunde vorgesehen werden, dass dem Beschenkten für gewisse Handlungen (Wiederanlage usw.) eine oder mehrere Personen mit mehr oder weniger Handlungsspielraum zur Seite gestellt werden.

Kapitel 4: Andere Instrumente der Erbschaftsplanung

Neben dem Testament, dem Ehevertrag und der Schenkung bietet das belgische Recht noch andere Instrumente der Erbschaftsplanung, wovon die geläufigsten in diesem Kapitel kurz erklärt werden.

1. Zuwachsklausel

Die Zuwachsklausel, die z.B. in einer Schenkung- oder Kaufurkunde vorgesehen werden kann, bewirkt, dass beim Tod eines der Beschenkten bzw. Käufer, der Anteil des Betroffenen an dem geschenkten oder gekauften Wert (meist eine Immobilie) auf den anderen Beschenkten oder Käufer übergeht.

Es handelt sich also um eine *vertragliche* Übertragung (da die Zuwachsklausel eine Bedingung der Schenkungs- oder Kaufurkunde ist) und *nicht* um eine *erbrechtliche* Übertragung. Folglich sind Übertragungen durch Zuwachsklausel nicht der Erbschaftsteuer unterworfen, sondern der Registrierungsgebühr (d.h. Grunderwerbssteuer oder Schenkungssteuer).

Die Zuwachsklausel wird üblicherweise bei einem Immobilienkauf durch ein nicht verheiratetes Paar vorgesehen. Wie unter Teil 1, Kapitel 3, erklärt, hat der gesetzlich Zusammenwohnende in Ermangelung eines Testaments nur sehr begrenzte Erbrechte; Personen, die weder verheiratet noch gesetzlich zusammenwohnend sind, haben sogar überhaupt keinen Erbanspruch. Darüber hinaus sind Personen, die weder verheiratet noch gesetzlich zusammenwohnend sind, falls sie testamentarisch als Erben eingesetzt werden, der hohen Erbschaftsteuer zwischen Fremden unterworfen (siehe Teil 2, Kapitel 2).

Für diese Paare ermöglicht die Zuwachsklausel:

– zivilrechtlich, dass der Längstlebende den Anteil des Erstverstorbenen an der Immobilie übernehmen kann. Somit wird vermieden, dass der Längstlebende sich durch den Tod des Erstversterbenden plötzlich im Miteigentum mit den Blutsverwandten des Erstverstorbenen befindet, was quasi nie gewollt und sogar häufig problematisch ist;

– steuerrechtlich, für Personen, die weder verheiratet noch gesetzlich zusammenwohnend sind, dass die Übertragung der Immobilienhälfte des Vorverstorbenen an den Längstlebenden der Grunderwerbssteuer unterworfen ist, die deutlich unter der Erbschaftsteuer zwischen nichtverwandten Personen liegt.

> **Beispiel 45:** A und B erwerben nach ihrer Ausbildung zusammen (jeder 50%) eine kleine Wohnung für 150.000 €. Da sie weder verheiratet noch gesetzlich zusammenwohnend sind, sieht der Notar in der Kaufurkunde eine Zuwachsklausel vor. Ein Jahr nach dem Kauf verstirbt A, ohne ein Testament zu hinterlassen. B erbt nicht von A und würde sich in Ermangelung der Zuwachsklausel bezüglich der Wohnung im Miteigentum mit As nächstem Blutsverwandten befinden (der As 50% in der Immobilie erben würde). B kann jedoch Gebrauch von der Zuwachsklausel machen, wodurch sich Bs Anteil um den Anteil von A erweitert, sodass B jetzt alleiniger Eigentümer der Immobilie ist. B muss keinen Preis zahlen, jedoch werden die Grunderwerbssteuern (12,5% in der Regel in der Wallonischen Region und in Brüssel) auf As Anteil fällig: 75.000 € x 12,5% = 9.375 €. Hätte A testamentarisch
> (und nicht durch die vertragliche Zuwachsklausel) vorgesehen, dass B seinen Teil erbt, wäre die Erbschaftsteuer zwischen Fremden angefallen und B hätte 38.125 € Erbschaftsteuern leisten müssen.

Dieses Beispiel erläutert, dass die Zuwachsklausel ein wichtiges Instrument der Erbschaftsplanung darstellt, sowohl zivil- als auch steuerrechtlich.

2. Gesellschaft bürgerlichen Rechts (GbR)

Die Gesellschaft bürgerlichen Rechts (Abk.: GbR) ist ein Zusammenschluss von mindestens zwei Gesellschaftern, die gewisse bewegliche Vermögenswerte (keine Immobilien) zusammenlegen und die Regeln des somit geschaffenen Miteigentums definieren (wie wird investiert, wer verwaltet usw.). Die GbR hat keine eigene Rechtspersönlichkeit, hinterlegt keine Steuererklärung und zahlt keine eigenen Steuern – sie ist steuerlich transparent.

Die GbR ist also keine Gesellschaft im herkömmlichen Sinne einer Handelsgesellschaft, sondern vielmehr ein zivilrechtliches Miteigentum, das durch die Satzungen einer Verwaltungskontinuität unterworfen wird.

Im Rahmen der Erbschaftsplanung ist die GbR äußerst interessant, da sie ermöglicht, das besagte bewegliche Vermögen (nun in Form von GbR-Anteilen) in einer zweiten Phase an die nächste Generation zu schenken (ggf. unter Nießbrauchvorbehalt), aber die Verwaltung zu Lebzeiten bei der schenkenden Generation zu halten. Dadurch, dass die Statuten vorsehen (sollten), dass der Geschäftsführer nur einstimmig abgesetzt werden kann, hat die schenkende Generation die Sicherheit, das Vermögen weiterhin verwalten zu können, selbst wenn sie nur noch Eigentümer eines sehr kleinen Teils dieses Vermögens ist.

> **Beispiel 46:** Die Eltern A und B sind Unternehmer und haben über die Jahre ein gewisses Bar- und Aktienvermögen erwirtschaftet. Sie möchten davon einen Teil zu Lebzeiten an ihre Kinder C und D übertragen, u.a., um Letzteren zu hohe Erbschaftsteuern zu ersparen. Gleichzeitig ist es A und B aber wichtig, das Unternehmen noch weiterzuführen bzw. dass die Kinder noch nicht über dieses Vermögen verfügen können. Hier bietet sich die Gründung einer GbR durch die vier Familienmitglieder an. A und B würden den Löwenanteil (die Firmenanteile) einbringen und folglich zusammen 98% der Anteile der GbR erhalten. C und D bringen je z.B. 100 € ein und erhalten jeder 1 Anteil der GbR. Der Gesellschaftervertrag

sieht vor, dass A und B zusammen das GbR-Vermögen verwalten, solange sie leben.
Nach Gründung der GbR können die Anteile der GbR den Kindern C und D geschenkt werden, sodass A und B z.B. jeder nur noch 1% der GbR-Anteile halten und C und D den Rest. An den Verwaltungsregeln hat dies nichts geändert, da die Geschäftsführung durch die Eltern in den Statuten auf Lebenszeit festgelegt ist und nur einstimmig (d.h. nie entgegen As oder Bs Willen) geändert werden kann.
Es wurde erreicht, dass bei As und Bs Tod keine Erbschaftsteuer auf die bereits geschenkten GbR-Anteile mehr fällig werden und somit das Vermögen sehr steuergünstig auf die nächste Generation übergegangen ist.

3. Gesetzliches Zusammenwohnen

Gesetzlich Zusammenwohnende haben, wie in Teil 1, Kapitel 3, erklärt, gewisse Erbrechte. Außerdem befinden sie sich (mit den Erben in direkter Linie und den Ehepartnern) in der günstigsten Kategorie der Erbschaftssteuern (siehe Teil 2, Kapitel 2). Dies ermöglicht ihnen, sich gegenseitig testamentarisch als Erben einzusetzen, ohne dass unnötig hohe Erbschaftsteuern anfallen würden. Da das gesetzliche Zusammenwohnen keinesfalls auf Liebespaare begrenzt ist, bildet es für Menschen in gewissen Situationen ein passendes Instrument der Erbschaftsplanung.

Dies ist zum Beispiel der Fall bei zwei ledigen oder verwitweten Schwestern, die ihren Lebensabend miteinander in derselben Wohnung verbringen. Ein anderes Beispiel, in dem sich ein gesetzliches Zusammenwohnen anbietet, ist der Fall, in dem jemand beschließt, seinen alten Großonkel oder seine alte Großtante, der/die schwer erkrankt ist, zu sich nach Hause zu nehmen, um ihn oder sie dort zu pflegen.

Die einzigen Bedingungen sind, dass die Betroffenen nicht bereits mit einer anderen Person verheiratet oder gesetzlich zusammenwohnend sind und dass sie an derselben Wohnadresse gemeldet sind.

4. Adoption

Neben den wichtigeren persönlichen Gründen für eine Adoption bildet sie auch ein Instrument der Erbschaftsplanung, da sie dazu führt, dass zwischen zwei Personen, die nicht blutsverwandt sind, eine rechtliche Verwandtschaft geschaffen wird, die einerseits Erbrechte schafft und andererseits dazu führt, dass die günstigste Kategorie der Erbschaftsteuer Anwendung findet. Rechtliche Rahmenbedingungen sorgen dafür, dass das Adoptionsverfahren nicht zum Sparen der Erbschaftsteuer missbraucht werden kann, indem u.a. zwischen einfacher und vollständiger Adoption unterschieden wird.

5. Lebensversicherung und deren Schenkung

Die Lebensversicherung im Rahmen von Erbschaftsplanungen ist ein äußerst komplexes Thema, auf das ich im Rahmen dieses Beitrags nicht näher eingehen möchte.

Prinzipiell sei aber gesagt, dass der Vertrag der Lebensversicherung ein beweglicher Gegenstand ist, der folglich steuergünstig geschenkt werden kann (siehe Teil 3, Kapitel 4, Punkt 3 b)), und dann nicht mehr der Erbschaftsteuer unterworfen ist.
Die Schenkung des Vertrags unterscheidet sich von der Einsetzung als Begünstigter, da die Einsetzung als Begünstigter trotzdem der Erbschaftsteuer unterworfen ist (siehe Teil 2, Kapitel 4, Punkt 4).

6. Schenkung auf den Längstlebenden – vertragliche Erbeneinsetzung

(Noch) kinderlose Ehepartner schließen häufig eine sogenannte „Schenkung auf den Längstlebenden“ ab. Dieses Instrument hat ausschließlich zivilrechtliche Konsequenzen, nämlich dass der Nachlass des erstverstorbenen, kinderlosen Ehepartners gänzlich auf den anderen Ehepartner übergeht. In Ermangelung einer solchen Schenkung auf den Längstlebenden oder eines Testaments, das dasselbe bewirkt, geht ein Teil des Nachlasses des erstverstorbenen Ehepartners an seinen nächsten Blutsverwandten (siehe Teil 1, Kapitel 2, Punkt 2 a) und b)).

Die sogenannte „Schenkung auf den Längstlebenden" ist technisch gesehen keine Schenkung, sondern eine vertragliche Erbeneinsetzung. Folglich werden Erbschaftsteuern und keine Schenkungssteuern fällig.

7. Erbvertrag

Der Erbvertrag ist eine Vereinbarung zwischen dem zukünftigen Erblasser und den voraussichtlichen Erben hinsichtlich (a) der Übertragung des Vermögens des Erblassers, die von der gesetzlichen Erbfolge abweicht oder (b) der Modalitäten dieser Vermögensübertragung (Pflichtteilanspruch, Berechnung der Ansprüche, Wertgrundlage des Übertragenen usw.). Der große Unterschied zum Testament ist, dass der Erblasser sich vertraglich bindet und folglich die Vereinbarung nicht einseitig abändern oder kündigen kann.

In der Vergangenheit war es im belgischen Recht (außer in vier besonderen Fällen und unter strikten Bedingungen) nicht erlaubt, einen Erbvertrag zu schließen, da der belgische Gesetzgeber einem jeden immer die Möglichkeit garantieren wollte, bis zu seinem Tod einseitig Anpassungen hinsichtlich seiner Vermögensübertragung durch Erbschaft vornehmen zu können.

Ein Gesetz vom 31. Juli 2017, das für diesen Punkt am 1. September 2018 in Kraft tritt, erlaubt es, ab diesem Datum notarielle Erbverträge unter den gesetzlichen Bedingungen abzuschließen.

Diese Gesetzesänderung bringt mehr Flexibilität sowie Möglichkeiten der Eigengestaltung, der Schaffung von Gerechtigkeit (im Sinne des Erblassers) und des Vermeidens von Konflikten mit sich.

Somit können beispielsweise folgende Punkte in einem Erbvertrag verankert werden:

- Ein oder mehrere Kinder können auf ihren Pflichtteil verzichten, z.B. um einem Geschwisterteil, der finanziell nicht so gut da steht, einen Wert (z.B. eine Immobilie) zukommen zu lassen, die ohne diesen Verzicht einer Verminderungsklage ausgesetzt wäre.
- In Patchworkfamilien können die biologischen Kinder des zukünftigen Erblassers zugunsten der Kinder des Partners des zukünftigen Erblassers auf ein Teil ihres Pflichtteils verzichten.
- Zuweisungen, die rechtlich nicht als Schenkungen anzusehen sind, aber dennoch einen Wert haben (z.B. die Finanzierung eines teuren Studiums durch die Eltern oder das Mithelfen beim Hausbau), können mit einem Wert versehen werden und somit mit in Betracht gezogen werden, um die Gleichbehandlung der Kinder zu gewährleisten.
- Ein Abkommen kann klären, wer von den Kindern welche Vermögenswerte erhält (Grundstück, Wohnung, Auto, Geld usw.) und somit dafür sorgen, dass die Kinder sich zu Lebzeiten der Eltern mit dem Thema befassen und folglich Konflikten bei der Erbschaftsregelung vorgebeugt wird.

Erbverträge können entweder *globaler Natur* sein, wenn sie durch den zukünftigen Erblasser (oder die Eltern) und allen voraussichtlichen Erben (z.B. alle Kinder der Eltern) abgeschlossen werden, oder *punktueller Natur*, wenn sie nur einen oder mehrere spezifische Punkte regeln.

Aufgrund des definitiven Charakters des Erbvertrags, d.h. dass dieser nicht einseitig durch den zukünftigen Erblasser (und natürlich der voraussichtlichen Erben) angepasst werden kann, hat der Gesetzgeber strikte Sicherheitsmechanismen für die Erstellung von Erbverträgen vorgesehen. Erbverträge sind nur gültig, wenn sie notariell erstellt werden und unter Einhaltung von gewissen Fristen.

Kapitel 5: Vorsorge nicht vermögenstechnischer Natur

Neben der vermögensrechtlichen Planung einer zukünftigen Erbschaft gibt es auch eine Reihe von Maßnahmen nicht vermögenstechnischer Natur, die sich anbieten, um eine Vorsorge persönlicher Natur zu schaffen, indem Vertrauenspersonen bestimmt werden, um gewisse Aufgaben zu erledigen, falls man selbst dazu nicht mehr in der Lage ist.

Bei diesen Aufgaben kann es sich z.B. um die Erziehung der minderjährigen Kinder (Einsetzung eines Vormundes), der Verwaltung des eigenen Vermögens bei Geschäftsunfähigkeit (Einsetzen eines Verwalters oder außergerichtliche Vollmacht) oder der Ausübung der Patientenrechte und der Entscheidung über lebensverlängernde oder -verkürzende Maßnahmen (Patientenverfügung und Euthanasieerklärung) handeln.

1. Ausübung der elterlichen Autorität: Bezeichnung eines Vormunds für die Kinder

Kinder unterstehen bis zu ihrer Volljährigkeit der Autorität beider Eltern.

Die Ausübung der elterlichen Autorität bringt die Entscheidungsgewalt der Eltern über die *Person des Kindes* (kulturelle, philosophische, religiöse und soziale Entwicklung) und die *Verwaltung seines Vermögens* mit sich.

Gewisse Handlungen vermögenstechnischer Art (z.B. Kauf oder Verkauf einer Immobilie) dürfen nicht durch die alleinige Entscheidung der Eltern getätigt werden, sondern bedürfen zusätzlich noch einer Genehmigung des Friedensrichters, der das Interesse der Kinder prüft.

Die Eltern üben diese Autorität im Prinzip *gemeinsam* aus, auch wenn sie getrennt leben bzw. geschieden sind. Falls die gemeinsame Ausübung zu schwerwiegenden Problemen führt, kann das

Familiengericht im Interesse des oder der Kinder und im gesetzlichen Rahmen entscheiden, die elterliche Autorität als solche oder einen Teil davon *einem* Elternteil allein anzuvertrauen.

Ist ein Elternteil vorverstorben, übt der andere Elternteil die elterliche Autorität automatisch allein aus. Nur wenn *gerichtlich* festgestellt wird, dass der Elternteil außerstande ist, die elterliche Autorität auszuüben, kann ein Vormund bestellt werden.

Die Vormundschaft über minderjährige Kinder wird also eröffnet, wenn beide Elternteile verstorben oder dauerhaft außerstande sind, die elterliche Autorität auszuüben.

In diesem Fall stellt sich die Frage nach der für das Kind geeigneten Person, um die Vormundschaft auszuüben. Diese Frage wird der Richter beantworten und die für ihn angemessene Person bezeichnen, *es sei denn, die Eltern* (wenn sie die elterliche Vollmacht gemeinsam ausüben) oder der Elternteil, der die elterliche Autorität als Letztes ausgeübt hat, haben zu ihren Lebzeiten *einen Vormund bezeichnet*.

Diese Bezeichnung kann unter Einhaltung der gesetzlichen Vorgaben durch Testament oder durch notarielle bzw. gerichtliche Erklärung getätigt werden.

Möchten Eltern (oder der überlebende Elternteil) minderjähriger Kinder vorsorgen, um zu verhindern, dass die Entscheidung über die geeignete Person gegebenenfalls auf den Falschen fällt, ist es ratsam, diese Bezeichnung vorzunehmen. Der Richter muss dann der Wahl des Elternteils oder der Eltern folgen und die bezeichnete Person einsetzen, es sei denn, es lägen bei der durch die Eltern bezeichneten Person schwerwiegende Gründe vor, die das Interesse des Kindes betreffen und die dagegen sprächen.

Abschließend zu diesem Thema noch ein wichtiger Punkt, der sich regelmäßig in der Praxis stellt, und den ich in folgendem Beispiel erklären möchte:

Beispiel 47: Die Eltern („A" und „B") sind geschieden, üben jedoch – wie das der Regelfall ist – die elterliche Autorität gemeinsam aus. A möchte nicht, dass, falls er versterben sollte, B das Vermögen des gemeinsamen Kindes („C") verwaltet, das ja dann auch das von A geerbte Vermögen enthielte. Deswegen äußert A den Wunsch, einen Vormund – für den Fall, dass A vorversterben würde – zu bezeichnen. Eine solche Bezeichnung wäre im belgischen Recht nicht rechtskräftig. Mit anderen Worten: Verstirbt A, wird B automatisch – nämlich in seiner Eigenschaft als überlebender Elternteil –, die elterliche Autorität und somit auch Cs Vermögensverwaltung ausüben.

Das belgische Recht bietet jedoch Planungsmöglichkeiten, die dazu führen, dass die Verwaltung des Vermögens durch andere Personen zumindest mit überwacht bzw. auch teilweise entschieden wird. Dies ist z.B. gegeben, wenn im Beispiel oben A seinen Eltern oder einer anderen Vertrauensperson, bis zur Volljährigkeit von C, den Nießbrauch seines Vermögens vermacht. Diese Person ist dann mit C in einer Erbengemeinschaft (und sei es nur für einen Teil des Nießbrauchs) und wird auf diesem Weg in die Verwaltung von Cs Vermögen durch B mit einbezogen.

2. Geschäftsunfähigkeit vorbeugen: Einsetzen eines Verwalters oder außergerichtliche Vollmacht

Die immer weiter steigende Lebenserwartung führt dazu, dass die jetzige und die zukünftigen Generationen sich immer mehr mit dem Gedanken beschäftigen (sollten ...): Wer regelt meine Vermögensangelegenheiten, wenn ich dazu nicht mehr imstande bin?

a) Die Einsetzung eines gerichtlich ernannten Vermögensverwalters

In Ermangelung einer Planung diesbezüglich, wird der Richter bei Eintreten einer Geschäftsunfähigkeit entscheiden, wer die geeignete Person ist, um als Vermögensverwalter der nicht mehr geschäftsfähigen Person eingesetzt zu werden. Der Verwalter wird von Gericht bezeichnet, deswegen spricht man von einem *gerichtlichen Schutz.*

Menschen, die also das Risiko vermeiden möchten, dass ggf. auf Antrag von nahestehenden, interessierten Personen der Falsche als Verwalter eingesetzt wird, sollten ihren Vorzug selbst zu Lebzeiten protokollieren lassen.

Diese Vorzugserklärung über die zukünftige Einsetzung eines Verwalters geschieht entweder vor dem Friedensrichter des Wohnortes oder vor dem Notar Ihrer Wahl. Bei zukünftigem Eintreten der Geschäftsunfähigkeit wird der Friedensrichter die bezeichnete Person ernennen: Er kann nur aus schwerwiegenden Gründen, die er in seinem Beschluss angeben muss, von der Willenserklärung abweichen.

b) Die außergerichtliche Vollmacht

Es gibt noch eine andere Form des Schutzes vor Geschäftsunfähigkeit, die in der Praxis häufig der Bezeichnung eines Verwalters vorgezogen wird: die *außergerichtliche Vollmacht.*

Hier handelt es sich um eine Sonder- oder Generalvollmacht (d.h. für bestimmte Rechtsgeschäfte oder für alle möglichen Rechtsgeschäfte), die von einer geschäftsfähigen Person erteilt wird mit dem Ziel, für diese Person einen außergerichtlichen Schutz (sprich keine gerichtliche Ernennung eines Verwalters) zu organisieren, indem eine oder mehrere Personen als Bevollmächtigte bezeichnet werden, um diese Rechtshandlungen – sollten sie denn notwendig oder gewünscht werden – zu tätigen. In diesem Vertrag können Grundsätze aufgenommen werden, die der Bevollmächtigte bei der Ausführung seines Auftrags einhalten muss. Man spricht hier also von einem *„außergerichtlichen"* Schutz, da der Bevollmächtigte vertraglich durch die zu schützende Person eingesetzt wurde, für die von der zu schützenden Person definierten Bereiche.

Wenn der Friedensrichter – auf Antrag oder Eigeninitiative – festgestellt hat, dass der Vollmachtgeber sich in einem schutzbedürftigen

Zustand befindet, dass die Vollmacht dem Interesse des Vollmachtgebers entspricht und dass der Bevollmächtigte seinen Auftrag angenommen hat, ordnet er die vollständige oder teilweise Ausübung der Vollmacht an.

Die Interessen des Vollmachtgebers (also der zu schützenden Person) stehen immer über allem, d.h. dass die Vollmacht jederzeit widerrufen oder abgeändert werden kann, sei es durch den Vollmachtgeber, wenn dieser noch geschäftsfähig ist, oder durch den Friedensrichter (z.B. durch Anordnung einer gerichtlichen Vermögensverwaltung), der im Interesse der zu schützenden Person handelt.

3. Patientenverfügung und Entscheidung über lebensverkürzende Maßnahmen (Euthanasie)

Neben der Erledigung von Vermögensangelegenheiten stellt sich auch die Frage, wer die *personenbezogenen* Angelegenheiten einer nicht mehr geschäftsfähigen Person regeln soll. Hierbei denke ich vor allem an die Patientenrechte oder Wohnungsangelegenheiten (a) und die Entscheidung über lebensverkürzende Maßnahmen (b).

a) Patientenverfügung

Durch die Unterzeichnung einer Patientenvollmacht wird eine Vertrauensperson eingesetzt, die die Patientenrechte einer Person ausüben wird, sollte diese nicht mehr imstande sein, ihren Willen selbst zu äußern.

In Ermangelung der Einsetzung von Vertrauensperson(en) wird der behandelnde Arzt die Behandlung – unter Berücksichtigung des Arztgeheimnisses – mit den engsten Familienmitgliedern besprechen (zuerst Partner, dann erwachsene Nachkommen, dann Geschwister) bzw. mit dem Verwalter, der ggf. diesbezüglich durch Gericht eingesetzt wurde.

Die Patientenvollmacht ermöglich jedoch nicht nur die Einsicht in die Krankenakte und das Einholen von Informationen von behandelnden

Ärzten über Untersuchungen, Therapien und Eingriffe, sondern auch das Ausüben der Entscheidungsgewalt hinsichtlich sämtlicher Bereiche der Gesundheitsfürsorge und Heilbehandlung, insbesondere bei der Abgabe von Einwilligungserklärungen zu Behandlungen (u.a. Untersuchungen und Operationen), einschließlich lebensverlängernder Maßnahmen oder deren Verweigerung.

Die Patientenverfügung kann allgemein gehalten werden oder nur gewisse Fragen abdecken. Außerdem können Richtlinien durch den Vollmachtgeber erteilt werden.

Es kann also mit einer Patientenvollmacht z.B. erreicht werden, dass der Bevollmächtigte – im Sinne des Vollmachtgebers und immer in Absprache mit den Ärzten – die Verabreichung jeder notwendigen Menge an Medikamenten anordnet, die erforderlich ist, um den Betroffenen von Schmerzen und großer Belastung zu befreien, selbst falls dadurch unvermeidbare Nebenwirkungen eintreten würden, die eventuell den Eintritt des Todes beschleunigen würden.

Im Rahmen der Patientenverfügung wird dem Bevollmächtigten üblicherweise ebenfalls die Befugnis erteilt, die Wohnungsangelegenheiten des Vollmachtgebers zu regeln. Dies beinhaltet u.a. die Bestimmung des Wohnorts und des Aufenthalts, die Entscheidung über häusliche Pflege und die vorübergehende oder dauerhafte Unterbringung in einem Pflegeheim, einer Anstalt oder einem Krankenhaus.

Die Patientenvollmacht kann privatschriftlich, d.h. außerhalb von jeglicher notarieller Urkunde getätigt werden. In der Praxis möchten die Betroffenen diese Willensäußerung jedoch häufig notariell beurkunden lassen, u.a. um der Möglichkeit einer Unterschriftsanfechtung aus dem Weg zu gehen.

b) Euthanasie

Im Rahmen der Patientenverfügung können – wie erwähnt – Entscheidungen über Behandlungen getroffen werden, die lebensverlängernde, aber ggf. auch lebensverkürzende Konsequenzen haben können. Letztere unterscheiden sich jedoch von der aktiven Sterbehilfe.

Im belgischen Recht ist aktive Sterbehilfe (d.h. Euthanasie) seit dem Inkrafttreten des Gesetzes vom 28. Mai 2002 unter Berücksichtigung eines strikt definierten rechtlichen Rahmens erlaubt.

Der Betroffene muss folgende Bedingungen erfüllen, um für ein Euthanasieverfahren infrage zu kommen:

- Sich in einer ausweglosen medizinischen Situation befinden.
- Einem konstanten, unerträglichen und nicht zu lindernden physischen und/oder psychischen Leiden ausgesetzt sein.
- Dieses Leiden muss aus einem Unfall oder einer schlimmen und nicht heilbaren Pathologie stammen.
- Der Betroffene muss bei Bewusstsein sein und seinen Willen äußern können.

Um einer Situation vorzubeugen, in der ein Euthanasieverfahren nicht zugänglich wäre, da der Betroffene nicht mehr die letzte Bedingung erfüllt (Bewusstsein und Willensäußerung), bietet das Gesetz die Möglichkeit für jeden, eine Erklärung über den Euthanasiewillen bei der Gemeinde zu hinterlegen, damit diese – falls das Thema irgendwann mal aktuell würde – zum Tragen kommen kann.

Das Erklärungsformular ist bei den Gemeinden oder im Internet (https://www.health.belgium.be/de/gesundheit/sorgen-sie-fuer-sich-selbst/lebensanfang-und-lebensende/sterbehilfe) erhältlich. Es muss durch den Betroffenen und zwei Zeugen unterzeichnet und bei der Gemeinde hinterlegt werden, damit es in eine Datenbank eingetragen wird. Alle fünf Jahre muss die Erklärung erneuert werden, sonst verliert sie ihre Gültigkeit.

TEIL 4 – Vergleich mit deutschem Recht, Europäische Erbrechtsverordnung und Europäische Funktionäre

Kapitel 1: Vergleich mit deutschem Erbschafts- und Schenkungssteuerrecht

In diesem Kapitel möchte ich einige wichtige Unterschiede zwischen dem belgischen und dem deutschen Schenkungs- und Erbschaftsrecht erklären. Die Erläuterungen aus dem deutschen Recht haben nicht den Anspruch, vollständig zu sein, sondern dienen dazu, die großen Unterschiede der beiden Rechtssysteme zu verdeutlichen.

Anhand dieser Unterschiede wird schnell deutlich, dass eine internationale Situation noch mehr Planungsbedarf als alle andere Situationen mit sich bringt, nicht zuletzt vor dem Hintergrund einer durchaus möglichen Doppelbesteuerung.

1. Erster Unterschied: Gleiche Tarife für Schenkungen und Erbschaften

Das deutsche Steuerrecht regelt Erbschaft- und Schenkungssteuer grundsätzlich gleich: Beide Übertragungen sind denselben Besteuerungsprozentsätzen und denselben Freibeträgen unterworfen.

Der im belgischen Recht vorhandene Unterschied in den Besteuerungsprozentsätzen

- zwischen Schenkungen und Erbschaft und
- zwischen Schenkungen von beweglichen und unbeweglichen Gütern

ist im deutschen Recht also nicht vorhanden.

Fazit: Schenkungen von beweglichen Gütern in Belgien sind steuerlich günstig.

2. Freibeträge, Besteuerungsprozentsätze, Zehnjahresfrist

Die Besteuerungsprozentsätze unter belgischem Recht sind in Teil 2, Kapitel 2 aufgeführt.

Die deutschen Schenkungs- und Erbschaftsteuersätze, die – zumindest was die Immobilien betrifft – bedeutend niedriger als die belgischen sind, gestalten sich wie folgt:

Besteuerungs-tranche	Steuer-klasse I:	Steuer-klasse II:	Steuer-klasse III:
bis 75.000 €	7%	15%	30%
bis 300.000 €	11%	20%	
bis 600.000 €	15%	25%	
bis 6.000.000 €	19%	30%	
bis 13.000.000 €	23%	35%	50%
bis 26.000.000 €	27%	40%	
über 26.000.000 €	30%	43%	

Steuerklasse I setzt sich zusammen aus (aus Sicht des Erblassers): Ehepartner, Lebenspartner, Kinder und Stiefkinder, Nachkommen dieser Kinder und Stiefkinder, Eltern und Vorfahren bei Erwerb von Todes wegen.

Steuerklasse II setzt sich zusammen aus (aus Sicht des Erblassers): Eltern, Vorfahren (soweit nicht in Steuerklasse I), Geschwister, Nachkommen ersten Grades von Geschwistern, Schwiegerkinder, Stief- und Schwiegereltern, geschiedene Ehepartner und auch Lebenspartner einer aufgehobenen Lebenspartnerschaft.

Steuerklasse III setzt sich zusammen aus: alle übrigen Personen.

Hinzu kommt, dass deutsches Recht die folgenden, *erheblichen Freibeträge* kennt:

Ehepartner oder Lebenspartner	500.000 €
Jedes Kind oder Stiefkind	400.000 €
Jedes Kind eines verstorbenen Kindes oder Stiefkindes	200.000 €
Jedes Kind eines lebenden Kindes oder Stiefkindes	200.000 €
Jede sonstige Person aus Steuerklasse I	100.000 €
Jede Person aus Steuerklasse II oder III	20.000 €

Diese persönlichen Freibeträge stehen in keinem Verhältnis zu den Freibeträgen unter belgischem Recht, die im Vergleich als nicht erwähnenswert dastehen (siehe Teil 2, Kapitel 3, Punkt 1).

Zusätzlich wird unter deutschem Recht dem überlebenden Ehepartner (oder Lebenspartner) und den Kindern ein Versorgungsfreibetrag gewährt, der für den Ehepartner (oder Lebenspartner) bis zu 256.000 € und pro Kind bis zu 52.000 € betragen kann.

Die persönlichen Freibeträge sind in Deutschland sowohl bei Schenkungen unter Lebenden als auch bei Übertragungen von Todes wegen anwendbar. Allerdings werden alle Schenkungen, die innerhalb von <u>zehn</u> Jahren stattfinden, für die Ermittlung des Freibetrages zusammengerechnet.

<u>Fazit:</u> Erbschaftsteuern in Deutschland sind – im Vergleich zu den belgischen – äußerst günstig. Ein Großteil der Erbschaften in Deutschland ist steuerfrei, da die anwendbaren Freibeträge höher als das vermachte Vermögen sind. Dies führt dazu, dass im Hinblick auf zukünftige Erbschaften, die belgischem Steuerrecht unterliegen werden, der Planungsbedarf auf dieser Ebene oft höher ist.

3. Wann unterliegt man der deutschen, wann der belgischen Erbschaftsteuer?

a) Belgien

Die belgische Erbschaftsteuer kommt zur Anwendung, wenn der Verstorbene an seinem Todestag als Einwohner des Königreichs Belgien anzusehen ist. Dieses Kriterium muss nicht unbedingt der offizielle Hauptwohnsitz sein. Es handelt sich vielmehr um ein faktisches Kriterium, nämlich um den tatsächlichen und fortdauernden Wohnsitz, den Ort, an dem sich die Familie befindet und von dem aus das Vermögen und die Aktivitäten verwaltet werden.

Ist das der Fall, so ist das *Weltvermögen* des Verstorbenen der belgischen Erbschaftsteuer unterworfen, ganz gleich, wo der Wohnsitz der Erben ist, und ganz gleich, wo sich das Vermögen befindet oder aus welchen Werten (Immobilien und/oder bewegliches Vermögen) es sich zusammensetzt.

Wenn der Verstorbene an seinem Todestag nicht als Einwohner des Königreichs Belgien gilt, wird die belgische Erbschaftsteuer nur erhoben auf die etwaigen *in Belgien liegenden Immobilien,* die sich im Nachlass befinden.

b) Deutschland

Deutsches Steuerrecht unterscheidet zwischen Inländern und Nicht-Inländern. Als Inländer gelten u.a. alle Personen, die in Deutschland ihren Wohnsitz oder gewöhnlichen Aufenthalt haben, bei deutschen Staatsangehörigen auch noch bis zu fünf Jahren nach ihrem Wegzug.

Inländer sind unbeschränkt erbschaftsteuerpflichtig, was heißt, dass das gesamte Vermögen – also auch das im Ausland gelegene – der deutschen Schenkungs- bzw. Erbschaftsteuer unterworfen ist. Nicht-Inländer sind beschränkt steuerpflichtig, was bedeutet, dass „nur" das sogenannte „deutsche Inlandsvermögen" der deutschen

Schenkungs- bzw. Erbschaftsteuer unterworfen ist. Deutsches Inlandsvermögen umfasst u.a. in Deutschland gelegene Immobilien, deutsches Betriebsvermögen und Anteile an Kapitalgesellschaften unter gewissen Bedingungen. Für Nicht-Inländer kommen die unter Punkt 2. oben genannte persönliche Freibeträge aufgrund der derzeit geltenden Gesetzeslage in Deutschland nicht zur Anwendung. Hier gilt allgemein nur ein Freibetrag von 2.000 € je Schenkung oder Erbfall. Diese Regelung ist zwar europarechtlich umstritten, wird jedoch von der deutschen Finanzverwaltung derzeit noch angewendet.

Das deutsche Steuerrecht knüpft sowohl an die Person des Schenkers bzw. Erblassers als auch an die Person des Beschenkten bzw. Erben an. Ist einer dieser beiden Personen Inländer im oben genannten Sinne, so unterliegt die Schenkung oder Erbschaft in Bezug auf das gesamte Vermögen der Steuerpflicht in Deutschland; dies ist die sogenannte „persönliche, unbeschränkte Steuerpflicht". Falls z.B. ein Kind eines in Belgien wohnenden Erblassers in Deutschland lebt und das andere nicht, kommt für das in Deutschland lebende Kind eine vollständige Steuerpflicht zur Anwendung (auch in Bezug auf Auslandsvermögen), während das andere Kind ggf. gar nicht von einer Steuerpflicht in Deutschland betroffen ist (falls kein deutsches Inlandsvermögen vorhanden ist).

c) *Vergleich und Doppelbesteuerung*

Dadurch, dass Belgien und Deutschland verschiedene Kriterien benutzen um eine Erbschaft dem jeweiligen nationalen Steuersystem zu unterwerfen, gibt es zwangsläufig Situationen, in denen eine Erbschaft sowohl dem belgischen als auch dem deutschen Erbschaftsteuerrecht unterliegt.

Ein flächendeckendes Doppelbesteuerungsabkommen zwischen Belgien und Deutschland gibt es nicht. Im jeweiligen nationalen Steuerrecht sind jedoch gewisse Fälle vorgesehen, in denen die im Ausland gezahlte Steuer von der nationalen Steuer abgezogen werden kann.

?
DANKE FÜR ALLES!
STEUER
TINE

Beispiel 48: A, der seinen gewöhnlichen Wohnsitz am Todestag in Belgien hatte, hinterlässt seiner Tochter B 100.000 € Barvermögen bei einer Bank in Belgien, 50.000 € Barvermögen bei einer Bank in Deutschland und eine Immobilie in Deutschland.
Da As gewöhnlicher Wohnsitz am Todestag in Belgien lag, fällt die belgische Erbschaftsteuer für As Weltvermögen an, also auch für das Bargeld bei der Bank in Deutschland und die Immobilie in Deutschland. Belgisches Erbschaftsteuerrecht sieht vor, dass die Erbschaftsteuer, die im Ausland für im Ausland gelegene Immobilien gezahlt wurde, von der belgischen Erbschaftsteuer abgezogen werden kann.
In diesem Beispiel gelten A und B nicht als Inländer im Rahmen des deutschen Erbschaftsteuerrechts. Folglich ist B in Deutschland nur beschränkt erbschaftsteuerpflichtig (nämlich für die in Deutschland gelegene Immobilie). Die ggf. anfallende Erbschaftsteuer in Deutschland kann von der belgischen Erbschaftsteuer abgezogen werden, wenn den zuständigen belgischen Behörden der Zahlungsbeweis der deutschen Erbschafssteuer vorgelegt wird.

Die Fälle, in denen das jeweilige nationale Erbschaftsteuerrecht in Belgien und Deutschland die Möglichkeit bietet, die im Ausland gezahlte Steuer von der inländischen Steuer abziehen zu können, sind begrenzt, sodass es in der Praxis durchaus auch zu Doppelbesteuerungen kommt.

Beispiel 49: A, deutscher Staatsangehöriger, wohnte zu Lebzeiten mit seiner Familie im belgischen Hauset und war geschäftsführender Gesellschafter einer äußerst lukrativen GmbH & Co. KG in Aachen. As Vermögen setzt sich neben seinem Wohnhaus in Hauset hauptsächlich aus den Firmenanteilen in Deutschland zusammen. As gewöhnlicher Wohnsitz liegt in Belgien, sodass As Weltvermögen der belgischen Erbschaftsteuer unterworfen ist. Die Anteile der GmbH & Co. KG bilden deutsches Inlandsvermögen, das in Deutschland der Erbschaftsteuer unterworfen wird.

Somit würden die Anteile der GmbH & Co. KG sowohl in Belgien als auch in Deutschland besteuert, ohne dass das eine oder andere nationale Recht die Möglichkeit bietet, die im jeweils anderen Land gezahlten Erbschaftsteuer geltend zu machen.

Dieses Beispiel erörtert, wie wichtig eine Erbschaftsplanung in grenzübergreifenden Situationen ist.

Kapitel 2: Auswirkungen der europäischen Erbrechtsverordnung

a) Allgemein

Am 16. August 2015 ist die Europäische Erbrechtsverordnung vom 4. Juli 2012 in allen Unionsmitgliedstaaten in Kraft getreten, mit Ausnahme von Dänemark, Irland und dem Vereinigten Königreich.

Die Verordnung regelt die Zuständigkeit, das anzuwendende Recht, die Anerkennung und Vollstreckung von Entscheidungen und die Annahme und Vollstreckung öffentlicher Urkunden in Erbsachen sowie die Einführung eines Europäischen Nachlasszeugnisses.

Wichtig ist es zu verstehen, dass die Erbrechtsverordnung ausschließlich *zivilrechtlicher* Natur ist und *nicht steuerrechtlicher* Natur. Sie bringt nur begrenzte, indirekte steuerliche Konsequenzen mit sich, auf die ich weiter unten eingehe.

Die Erbrechtsverordnung regelt in einem internationalen Kontext insbesondere zwei Fragen:

1. *Welches nationale Recht ist für die Abwicklung des Nachlasses zuständig?*

Dieses Recht bestimmt, an wen die Erben sich wenden müssen (z.B. belgischer Notar oder deutsches Amtsgericht) und welches nationale Verfahren für die Abwicklung der Erbschaft anwendbar ist.

2. *Welches nationale Recht ist hinsichtlich des Nachlasses anwendbar?*

Das anwendbare Recht (deutsches oder belgisches) bestimmt die Regeln der Erbfolge, d.h.: Wer erhält was? Kann man enterbt werden? Gibt es Pflichtteile usw.?

In *Ermangelung einer Rechtswahl* bestimmt die Erbrechtsverordnung, dass das Land, in dem der Erblasser zum Zeitpunkt seines Todes seinen gewöhnlichen Aufenthalt hatte, maßgebend ist für die anwendbare Erbfolge und die Instanz, die den Nachlass abwickelt. Der gewöhnliche Aufenthalt ist also das Anknüpfungskriterium und nicht die Staatsbürgerschaft, das Land, in dem man seinem Beruf nachgeht oder das Land, in dem sich mehrheitlich das Vermögen befindet.

> **Beispiel 50:** Verstirbt ein deutscher Staatsbürger, der mit seiner Familie in Eynatten (Belgien) wohnt, auf dem Weg zu seiner Arbeit in Köln, unterliegt die gesetzliche Erbfolge belgischem Recht und ein belgischer Notar ist für die Abwicklung zuständig.

Die Erbrechtsverordnung ermöglicht jedoch auch *eine Rechtswahl*, d.h. die Möglichkeit für eine Person, zu Lebzeiten das Land ihrer Staatsbürgerschaft (anstatt das Land des gewöhnlichen Aufenthalts) zu bestimmen. Das nationale Recht des gewählten Landes bestimmt dann die Erbfolge und die Instanz für die Nachlassregelung.

> **Beispiel 51:** Ein belgischer Staatsbürger ist wegen seiner Arbeit nach Luxemburg gezogen, wo er mit seiner Partnerin wohnt. Verstirbt er in Ermangelung der Rechtswahl, muss die Erbschaft von den Instanzen in Luxemburg mittels luxemburgischer Erbfolge abgewickelt werden. Er kann jedoch per Testament das Land seiner Staatsbürgerschaft – also Belgien – bestimmen.

b) Ein typischer Fall der in Belgien wohnenden deutschen Staatsbürger: das Berliner Testament

Noch einmal sei erwähnt, dass die Rechtswahl unter der Europäischen Erbrechtsverordnung nur *zivilrechtlich* gegeben ist und *nicht steuerrechtlich*, denn dies wird sehr häufig missverstanden: Die Erbrechtsverordnung *ermöglicht keinesfalls* einem deutschen Staatsbürger mit gewöhnlichem Aufenthalt in Belgien, *deutsches Erbschaftsteuerrecht zu bezeichnen* und somit in den Genuss der hohen Freibeträge zu kommen.

Die Anwendung der Erbschaftsteuergesetzgebung eines jeden Landes ist hoheitlich durch dieses Land geregelt (siehe Kapitel 1, Punkt 3 in diesem 4. Teil) und unterliegt nicht einer etwaigen Wahl, sich dieser Steuergesetzgebung zu unterwerfen.

Dies mag vielleicht einleuchtend erscheinen, ist es aber nicht, denn in der Praxis hat ein Großteil der deutschen Staatsbürger mit gewöhnlichem Aufenthalt in Belgien die Einführung der Rechtswahl durch die europäische Erbrechtsverordnung so verstanden, als könnten sie nun deutsches Erbschaftsteuerrecht wählen.

Ob jemand von der Rechtswahlmöglichkeit, die die Erbrechtsverordnung mit sich bringt, auch tatsächlich Gebrauch macht, sollte gründlich überlegt und anhand des Einzelfalls geprüft werden, da es bei Weitem kein Allzweckmittel ist.

Konkret sollte der deutsche Staatsbürger mit gewöhnlichem Aufenthalt in Belgien folgende Fragen beantworten, bevor er eine Rechtswahl trifft:

- Bietet mir die deutsche Erbfolge Möglichkeiten, die mir die belgische Erbfolge nicht bieten kann?
- Möchte ich nicht, dass der belgische Notar meiner Wahl sich um die Erbschaft kümmert, sondern lieber das deutsche Amtsgericht?

Wird eine dieser Fragen mit „Ja" beantwortet, so kommt eine Rechtswahl infrage. Tatsächlich getroffen werden sollte die Rechtswahl jedoch erst, wenn man sich auch der etwaigen steuerlichen Konsequenzen dieser zivilrechtlichen Rechtswahl bewusst ist und bereit ist, diese in Kauf zu nehmen.

Diese steuerlichen Konsequenzen möchte ich anhand des nachstehenden Beispiels erklären, das den – in der Praxis sehr häufigen – Fall des Berliner Testaments behandelt:

Beispiel 52: Ein deutsches Ehepaar (Mann „M“ und Frau „F“) hat zwei Kinder (Sohn „S“ und Tochter „T“) und seinen gewöhnlichem Aufenthalt in Raeren (Belgien). M verstirbt und hinterlässt zwei vermietete Eigentumswohnungen im Wert von jeweils 150.000 € (der Familienwohnsitz ist Alleineigentum von F).

Hat M *keine Rechtswahl* getroffen, so kommt die belgische gesetzliche Erbfolge zur Geltung: Wie unter Teil 1, Kapitel 2, Punkt 1 erklärt, erbt F den Nießbrauch des Vermögens (was F u.a. ermöglicht, solange sie lebt, allein die Mieten zu vereinnahmen) und die Kinder das bloße Eigentum. Wenn F beim Ableben von M z.B. 65 Jahre alt ist, beträgt der Wert des Nießbrauchs 20%, d.h. F zahlt Erbschaftsteuer auf 60.000 € (20% auf den Wert der beiden Wohnungen von je 150.000 €) und die Kinder S und T jedes auf 120.000 € (Wert der beiden Wohnungen, abzüglich der Wert des Nießbrauchs, den F erbt). Somit liegt die Gesamtbesteuerung (für F, S und T zusammen) bei Ms Nachlass, Freibeträge inbegriffen, bei 15.450 €.
Da F „nur“ den Nießbrauch erbt, fallen bezüglich dieser Wohnungen bei späterem Todesfall von F für die Kinder S und T nicht erneut Erbschaftsteuern an. Folglich beträgt die Gesamtbesteuerung beider Nachlässe (M und F) hinsichtlich dieser beiden Wohnungen auf familiärer Ebene insgesamt 15.450 €.

Hat M aufgrund der Möglichkeit, die ihm die Erbrechtsverordnung bietet, die *Rechtswahl getroffen* und vor einem deutschen Notar ein Berliner Testament (deutschen Rechts) abgeschlossen, so erbt F bei Ms Tod allein beide Wohnungen im vollen Eigentum. M zahlt Erbschaftsteuer auf 300.000 €, also 38.225 € (siehe Teil 2, Kapitel 2 für die Berechnung der Steuer). Stirbt F dann später, so erben S und T die beiden Wohnungen, und jeder der beiden zahlt dafür (vorausgesetzt es bestehen keine anderen Güter, die die Steuern sogar noch in die höheren Prozentsätze anheben würden) Steuern auf 150.000 €, d.h. jeder zahlt 10.250 €.
Folglich beträgt die Gesamtbesteuerung beider Nachlässe (M und F) hinsichtlich dieser beiden Wohnungen auf familiärer Ebene

insgesamt 58.725 €, was deutlich über der Besteuerung ohne Rechtswahl und ohne Berliner Testament (15.450 €) liegt.

Dieses Bespiel zeigt, dass die tatsächliche Ausübung der durch die Erbrechtsverordnung gebotenen Möglichkeit, das Recht der Staatsbürgerschaft für die Erbfolge bzw. die Abwicklung der Erbschaft zu bezeichnen, sehr gut überlegt sein muss. Insbesondere in Kombination mit dem in Deutschland beliebten Berliner Testament muss man sich über die indirekten steuerlichen Konsequenzen dieser Rechtswahl im Klaren sein, und diese akzeptieren. Mit anderen Worten – und um auf mein Beispiel oben zurückzukommen: Das Berliner Testament an sich ist nicht schlecht, es sollte sogar gewählt werden, wenn es das Ziel der Ehepartner ist, dass der Überlebende von ihnen den Nachlass des Erstversterbenden allein im vollen Eigentum erben soll – sei es um den Preis, dass auf familiärer Ebene der Nachlass des Erstverstorbenen doppelt besteuert wird: Einmal in jeder Erbschaft der beiden Ehepartner.

Kapitel 3: Bedienstete der Europäischen Kommission

Artikel 14 des Protokolls (Nr. 34) über die Vorrechte und Befreiungen der Europäischen Gemeinschaften vom 8. April 1965 sieht folgende Regeln vor:

Die *Beamten* (und gewisse andere Bedienstete der Europäischen Gemeinschaft sowie die Ehepartner und die Kinder zulasten), die sich *lediglich zur Ausübung einer Amtstätigkeit* in einem anderen Mitgliedstaat niederlassen als in dem, in dem sie bei Dienstantritts ihren steuerlichen Wohnsitz hatten, werden in den beiden Staaten für die Erhebung u.a. der Erbschaftsteuer sowie für die Vermeidung der Doppelbesteuerung *so behandelt, als hätten sie ihren früheren Wohnsitz beibehalten.* Das sich im Aufenthaltsstaat befindliche bewegliche Vermögen der betroffenen Personen ist in diesem Staat von der Erbschaftsteuer befreit; für die Veranlagung dieser Steuer wird es als in dem Staat des steuerlichen Wohnsitzes befindlich betrachtet.

Konkret heißt das

- z.B. für deutsche Staatsbürger,
- die, allein aus dem Grund um als Beamte der Europäischen Kommission in Brüssel zu arbeiten, in die belgische Hautstadt ziehen,

dass sie

- obwohl sie eigentlich – aufgrund der Anknüpfungskriterien der belgischen Erbschaftsteuer – als Einwohner des Königreichs Belgien angesehen werden müssten (da sie in Belgien ihrem Lebensmittelpunkt haben)
- und somit deren Erben im Todesfall auf das *Weltvermögen* dieser Beamten besteuert würden (siehe Kapitel 1, Punkt 3 a) in diesem Teil 4),

eben nicht als Einwohner des Königreichs Belgien (sondern als Einwohner ihres Herkunftslandes) angesehen werden, mit der Konsequenz, dass *nur die etwaigen in Belgien* liegenden Immobilien, die zum Todestag in ihrem Vermögen sind, der belgischen Erbschaftsteuer unterliegen.

TEIL 5 – Erklärung der verwendeten Begriffe

In diesem letzten Teil erkläre ich die Begriffe, die an verschiedenen Stellen in diesem Buch verwendet werden.

Wie in der Einleitung erwähnt, ist mein Ziel, dass der Leser in diesem Buch Antworten finden kann auf die Fragen (i) wer in einem gegebenen Fall erbt, wenn der Betroffene kein Testament aufstellt, (ii) wie hoch die Erbschaftsteuern sind und (iii) was in einem gegebenen Fall die Erbschaftsplanungsmöglichkeiten sind.

Diese Antworten soll der Leser finden können, ohne das Buch von A bis Z lesen zu müssen, und zwar, indem er anhand des Inhaltsverzeichnisses (am Anfang des Buches) und/oder des Fragenverzeichnisses (am Ende des Buches) den für ihn relevanten Passus ausfindig macht. Da immer wieder dieselben juristischen Begriffe verwendet werden, die dem Verständnis halber einer Erklärung bedürfen, müssen diese Begriffe in diesem separaten Teil erklärt werden, um ein verständliches Lesen zu ermöglichen und gleichzeitig zu vermeiden, dass dieselben Begriffe an jeder Stelle, an der sie verwendet werden, immer wieder neu erklärt werden müssen.

Es ist weder mein Ziel noch mein Anspruch, in diesem Teil umfassende und vollständige wissenschaftliche Definitionen zu liefern: Die Ausführung der Begriffe dient allein dem Verständnis der anderen Teile des Buches. Der Leser wird, abhängig von seinen Vorkenntnissen, diesen Teil in größerem oder kleinerem Umfang zurate ziehen.

Die Begriffe sind alphabetisch geordnet.

Ausgeschöpft: Man spricht von „ausschöpfen der Tranchen" bei einem progressiven Steuersatz, wenn die unteren, günstigeren Steuertranchen verbraucht werden.

> **Beispiel 53:** Wie aus der Tabelle in Kapitel 2, Punkt 1 in Teil 2 hervorgeht, belaufen sich die Besteuerungsprozente bei

Erbschaften in der Wallonischen Region zwischen Geschwistern auf 20% (auf die Summe zwischen 0 und 12.500 €), 25% (auf die Summe zwischen 12.500 und 25.000 €) und 35% (auf die Summe zwischen 25.000 und 75.000 €). Wenn z.B. 70.000 € von einem Bruder an seine Schwester vererbt werden, so zahlt die Schwester nicht 24.500 € Erbschaftsteuern (70.000 € x 35%), sondern 21.375 €, nämlich 20% auf die Summe zwischen 0 und 12.500 € (= 2.500 €) + 25% auf die Summe zwischen 12.500 und 25.000 € (= 3.125 €) + 35% auf die Summe zwischen 25.000 und 70.000 € (= 15.750 €).

Siehe diesbezüglich auch die Beispiele Nummer 13, 40 und 41.

Berliner Testament: Gemeinschaftliches Testament, das deutschem Recht unterliegt und nur durch Ehepartner oder Lebenspartner abgeschlossen werden kann, indem diese sich gegenseitig zum Alleinerben einsetzen und somit bestimmen, dass mit dem Tod des zuletzt Versterbenden der Nachlass an Dritte (z.B. Kinder) fallen soll. Der bereits bei der Erbschaft des Erstversterbenden bestehende Anspruch der Kinder auf Auszahlung des Pflichtteils wird durch eine Strafklausel faktisch außer Kraft gesetzt: Besteht ein Kind bereits bei Ableben des Erstversterbenden Ehepartners auf Auszahlung, enterbt es sich quasi selbst.

Um ein Berliner Testament rechtsgültig abschließen zu können, *muss deutsches Recht* gewählt werden, da im belgischen Recht – wie unter Teil 3, Kapitel 1, Punkt 1 erklärt – ein gemeinschaftliches Testament ungültig ist.

Beweglich (beweglicher Gegenstand/bewegliche Güter): Jeder Gegenstand, der nicht ein unbeweglicher Gegenstand ist. Bewegliche Gegenstände sind entweder materieller Natur (z.B. Schmuck oder Autos) oder immaterieller Natur (z.B. Geld auf Bankkonten, Schuldforderungen, Anteile in Gesellschaften).

Bloßes Eigentum: Das mit dem Nießbrauch belastete Eigentumsrecht (auch nacktes Eigentum genannt).

Direkte Linie: Erben aus der direkten Linie sind alle Erben, die direkt vom Erblasser abstammen (Kinder, Enkel, Urenkel) sowie Erben, von denen der Erblasser direkt abstammt (Eltern, Großeltern, Urgroßeltern).

Eigentumsrecht: Siehe „Volles Eigentum".

Eigenvermögen: Bezeichnet das Vermögen eines jeden Ehepartners (auch Sondervermögen oder Sondergut genannt) im Güterstand der Gütergemeinschaft, das jedem Ehepartner allein gehört und das jeder Ehepartner allein verwaltet, im Gegensatz zum gemeinschaftlichen Vermögen.

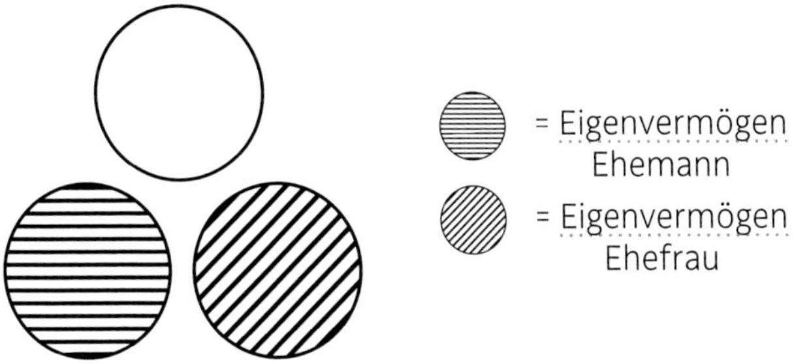

Das Eigenvermögen eines Ehepartners im Güterstand der Gütergemeinschaft setzt sich aus den Gütern und Verbindlichkeiten zusammen, (i) die diesem Ehepartner *am Tag der Eheschließung* gehörten, und (ii) denjenigen, die er *während der Ehe durch Schenkung, Erbschaft oder Testament* erwirbt.

Das Zivilgesetzbuch sieht bezüglich dieser Regel der Zusammensetzung des Eigenvermögens einige Ausnahmen vor. Darauf einzugehen, würde jedoch den Rahmen dieses Buches sprengen.

Erbfolgeordnung: Sämtliche Familienmitglieder des Erblassers sind in vier Erbfolgeordnungen aufgeteilt. Die Mitglieder der ersten Ordnung stechen die Mitglieder der drei folgenden Ordnungen in der gesetzlichen Erbfolge aus, d.h., hinterlässt der Erblasser ein oder mehrere Mitglied(er) der ersten Ordnung, so erben diese das gesamte Vermögen des Erblassers. Hinterlässt der Erblasser keinen Verwandten in der ersten Ordnung, wird die zweite Ordnung erbberechtigt usw. Diese Regel der Rangfolge der Erbfolgeordnung kennt zwei Ausnahmen, die in Teil 1, Kapitel 1, Punkte 2 und 3 erklärt sind.

Die erste Ordnung besteht aus den Nachkommen (Kinder, Enkel, Urenkel usw.). In der zweiten Ordnung befinden sich die Geschwister, und falls Eltern vorhanden sind, die Eltern. Die dritte Ordnung setzt sich aus sämtlichen Verwandten in gerader aufsteigender Linie zusammen, d.h. die Eltern (jedoch nur, wenn keine Geschwister vorhanden sind), Großeltern, Urgroßeltern usw. Die anderen Verwandten in der Seitenlinie (Tanten, Onkel, Cousinen, Vetter, Großtanten usw.) bilden letztlich die vierte Ordnung.

> **Beispiel 55:** Der Erblasser hinterlässt einen Sohn (1. Ordnung), seine beiden Eltern und eine Halbschwester (2. Ordnung). Der Sohn erbt in diesem Fall alles, da er allein zur ersten Erbfolgeordnung gehört. Somit sticht er sämtliche andere Verwandte in den darauf folgenden Ordnungen in der gesetzlichen Erbfolge aus.

Sind in einer Ordnung mehrere Personen vorhanden, so bestimmt der Verwandtschaftsgrad, welche(r) dieser Personen erbberechtigt ist, wissend, dass die Personen mit dem kleineren Verwandtschaftsgrad zum Erblasser die anderen ausstechen.

Erblasser: Der Verstorbene, der ein Erbe hinterlässt.

Erbvertretung: Bezeichnet einen Ablauf in der gesetzlichen Erbfolge, bei dem die Nachkommen eines Erbberechtigten dessen Platz einnehmen und in seiner Abwesenheit zur Erbfolge berufen werden.

Die Erbvertretung erfolgt im Fall von (i) Vorversterben des Erbberechtigten, (ii) gleichzeitigem Versterben des Erbberechtigten und des Erblassers, (iii) Erbschaftsausschlagung (Verzicht auf Erbschaft) sowie (iv) Unwürdigkeit eines Erbberechtigten.

Die Erbvertretung erfolgt:

- unbegrenzt in *gerader absteigender Linie*. Ist z.B. der Sohn des Erblassers vor dem Erblasser verstorben, so nehmen die Nachkommen des Sohnes (Enkel des Erblassers) den Platz des verstorbenen Sohnes ein und sind zusammen erbberechtigt für den Teil, den ihr vorverstorbener Vater geerbt hätte, wäre dieser noch am Leben gewesen (siehe Teil 1, Kapitel 1, Punkt 1b),
- in der *Seitenlinie*, zugunsten der Nachkommen von Geschwistern, Onkeln und Tanten des Verstorbenen (siehe Teil 1, Kapitel 1, Punkt 2b).

Die Erbvertretung erfolgt nicht:

- in aufsteigender Linie (d.h. Vater, Mutter, Großvater, Großmutter usw.); in jeder der beiden Linien schließt der nähere Verwandte immer den entfernteren Verwandten aus,
- zugunsten der Nachkommen des Ehepartners oder des gesetzlich Zusammenwohnenden. Ist z.B. der Ehepartner des Erblassers vorverstorben, so können seine Kinder aus einer vorherigen Beziehung den vorverstorbenen Ehepartner in der gesetzlichen Erbfolge des Erblassers nicht vertreten.

Letztlich ist noch zu erwähnen, dass es von Gesetz gestattet ist, denjenigen, dessen Erbschaft man ausgeschlagen hat, zu vertreten. Z.B.: Mein Vater ist vorverstorben und ich habe das Erbe ausgeschlagen, da mehr Schulden als Werte vorhanden waren. Wenn mein Großvater (Vater meines Vaters) verstirbt, darf ich von der Erbvertretung Gebrauch machen und die Stelle meines Vaters in der Erbschaft meines Großvaters einnehmen, obwohl ich die Erbschaft meines Vaters ausgeschlagen habe.

Gemeinschaftliches Vermögen: Bezeichnet das neben dem Eigenvermögen jedes Ehepartners dritte Vermögen, das nur im Güterstand der Gütergemeinschaft vorzufinden ist.

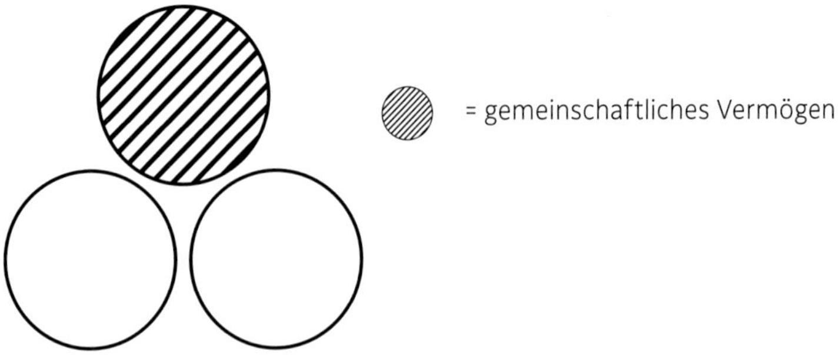

Das gemeinschaftliche Vermögen setzt sich *unter anderem* aus Folgendem zusammen:

Aktiva	Passiva
Einkünfte aus der Berufstätigkeit eines jeden der beiden Ehepartner (1)	Schulden aus der Berufstätigkeit eines jeden der beiden Ehepartner (2)
Die Einkünfte (Miete, Dividenden, Zinsen usw.) aus dem Eigenvermögen eines jeden der beiden Ehepartner (3)	Die zu zahlenden Zinsen der Schulden eines der Ehepartners (4)
Errungenschaften bzw. Zugewinne nach der Ehe (Kauf von beweglichen oder unbeweglichen Gütern, Ersparnisse usw.) (5)	Schulden, von denen es nicht nachgewiesen ist, dass sie nur das Sondervermögen einer der Ehepartner belasten (6)
Güter, von denen es nicht nachgewiesen ist, dass sie zum Sondervermögen einer der Ehepartner gehören (6)	

(1) **Beispiel 56:** Der Ehemann arbeitet und die Ehefrau hat ihre berufliche Karriere zeitweilig unterbrochen, um sich um die Erziehung der Kinder zu kümmern. Jegliche beruflichen Einkünfte des Ehemannes gehören zum gemeinschaftlichen Vermögen, auch wenn diese auf ein Konto gezahlt werden, das allein auf den Namen des Ehemannes lautet.

(2) **Beispiel 57:** Der Ehemann ist selbstständiger Bäcker und hat für die Backstube einen Kredit aufgenommen. Diese Schulden, die von dem Ehepartner im Interesse des gemeinschaftlichen Vermögens gemacht worden sind, belasten ebenfalls das gemeinschaftliche Vermögen. Wenn der Bäcker sogar Konkurs anmelden müsste, haben die Gläubiger Zugriff auf das gemeinschaftliche Vermögen.

(3) **Beispiel 58:** Die Ehefrau hat mehrere Immobilien geerbt. Die Immobilien sind Teil ihres Sondervermögens, die Miete fällt jedoch in das gemeinschaftliche Vermögen.

(4) **Beispiel 59:** Wird ein Kredit für die Renovierung der durch die Ehefrau geerbten Immobilie aufgenommen, so belastet dieser Kredit das Sondervermögen der Ehefrau für die Rückzahlung des Kapitals und das gemeinschaftliche Vermögen für die Rückzahlung der Zinsen.

(5) Sämtliche Errungenschaften nach der Ehe – selbst wenn durch einen der Ehepartner allein getätigt – gehören zum gemeinschaftlichen Vermögen.

Beispiel 60: Der Ehemann kauft von seinem Lohn, der sich auf einem Konto auf seinem alleinigen Namen befindet, einen Fernseher. Dieser Fernseher gehört dem gemeinschaftlichen Vermögen, nicht dem Sondervermögen des Ehemanns.

(6) Diese „catch all"-Vermutung ist das Herzstück der Gütergemeinschaft, über deren Tragweite sich die Eheleute, die den Güterstand der Gütergemeinschaft wählen, im Klaren sein müssen.

Diese Vermutung führt in der Praxis dazu, dass im Rahmen von gerichtlichen Ehescheidungen und der daraus entgehenden Liquidierung des Güterstands, ein ehemaliger Ehepartner, der nicht den Beweis des Erwerbs eines beweglichen Gegenstands aus Eigenmitteln erbringen kann, diesen zur Hälfte an seinen Expartner verliert.

Gesetzliche Erbfolge: Bezeichnet die Erbfolge, die vom Gesetz bestimmt ist und die Anwendung findet, wenn der Erblasser nicht testamentarisch oder vertraglich verfügt hat, wer sein Vermögen erben soll. Diese ist in Teil 1 dieses Buches erklärt.

Gesetzlicher Güterstand: Siehe „Gütergemeinschaft".

Gesetzliches Zusammenwohnen: Bezeichnet den Zustand zweier zusammenwohnender unverheirateter Personen (verwandt oder nicht), die sich bei dem Standesbeamten der Gemeinde des gemeinsamen Wohnsitzes als solche eintragen lassen haben. Dem gesetzlichen Zusammenwohnen kann entweder in gegenseitigem Einvernehmen der Zusammenwohnenden oder einseitig von einem der Zusammenwohnenden, anhand einer schriftlichen Erklärung, die dem Standesbeamten der Gemeinde des gemeinsamen Wohnsitzes übergeben wird, ein Ende gesetzt werden.

Ziel der Einführung des gesetzlichen Zusammenwohnens war seinerzeits, die Steuervorteile für Ehepartner auch zusammenlebenden Personen zugänglich zu machen, die jedoch aus ideologischen oder anderen Gründen nicht heiraten möchten (bzw. damals aufgrund der Tatsache, dass gleichgeschlechtliche Paare nicht heiraten durften).

Grad: Siehe „Verwandtschaftsgrad".

Gütergemeinschaft: Bezeichnet den gesetzlichen Güterstand in Belgien, d.h. der Güterstand, der zwischen den Eheleuten besteht, die keinen Ehevertrag vor Notar abgeschlossen haben. Die Gütergemeinschaft kann auch im Rahmen eines Ehevertrags angenommen werden, der von den gesetzlichen Bestimmungen innerhalb des erlaubten Spielraums abweichen kann.

Dieser Güterstand beruht auf dem Vorhandensein von drei Vermögen: Dem Eigenvermögen jedes der beiden Ehepartner und dem gemeinschaftlichen Vermögen der Ehepartner.

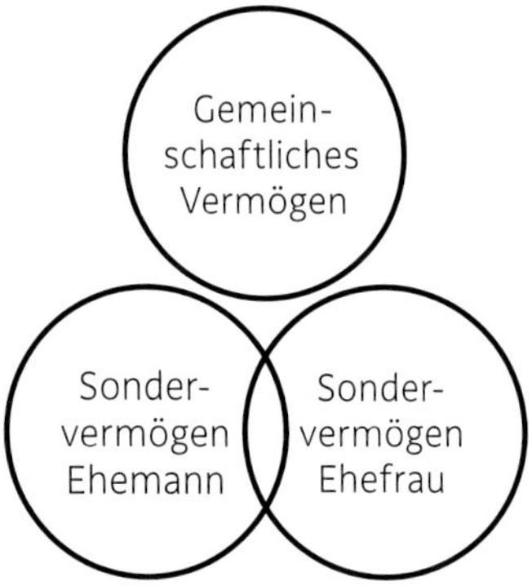

Gütertrennung: Bezeichnet den Güterstand, der sich durch die Trennung der Vermögensmassen beider Ehepartner charakterisiert.

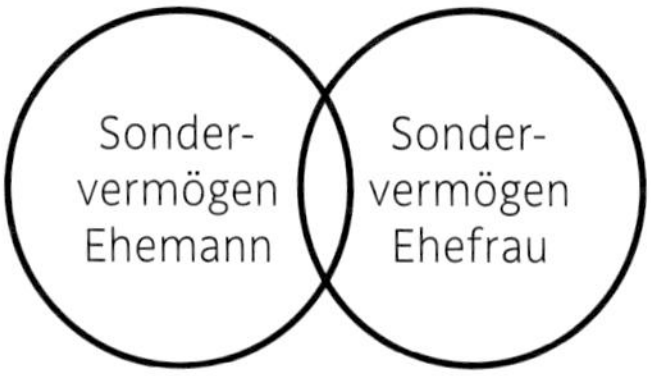

Jeder der beiden Ehepartner bleibt *Eigentümer* der Güter, die er vor der Ehe besaß und behält allein das Eigentum der Güter, die er während der Ehe erwirbt. Außerdem bleibt er alleiniger Eigentümer seiner beruflichen Einkünfte und seiner Ersparnisse. In puncto Eigentumsverhältnisse ist die Situation der Eheleute, die unter dem Güterstand der Gütertrennung verheiratet sind, dieselbe wie die von unverheirateten Personen. Trotz dieser absoluten Trennung der Eigentumsverhältnisse können die Eheleute selbstverständlich Werte (z.B. Immobilien oder Hausrat) zusammen erwerben, die dann beiden gemeinschaftlich und ungeteilt gehören (in der Schnittmenge beider Sondervermögen). In diesem Fall ist das Erworbene gemeinschaftlich – ebenso wenn Nichtverheiratete etwas zusammen erwerben – aufgrund der vertraglichen Regelung und nicht – wie bei der Gütergemeinschaft – aufgrund des Güterstands.

Die *Schulden* werden gehandhabt wie die Güter: Jeder Ehepartner kommt allein (unter Ausschluss des Vermögens des anderen Ehepartner) für seine Schulden auf, ganz gleich, ob diese Schulden aus der Zeit vor oder während der Ehe stammen. Dieser Grundsatz kennt jedoch Ausnahmen: Für Schulden, die von einem der Ehepartner für den Bedarf des Haushalts und die Erziehung der Kinder gemacht worden sind, muss der andere Ehepartner ebenfalls aufkommen.

Letztlich *verwaltet* jeder der beiden Eheleute ausschließlich und allein sein Vermögen. So kann z.B. die Ehefrau ohne Einverständnis ihres Mannes ein Grundstück kaufen oder verkaufen, Mietverträge abschließen und die Miete einer Immobilie aus ihrem Eigenvermögen vereinnahmen usw. Ausnahmen gibt es hier ebenfalls im Rahmen der elementaren Solidarität zwischen Eheleuten: Gehört die Immobilie, in der die Eheleute ihren gemeinsamen Wohnsitz haben z.B. ausschließlich dem Ehemann, so benötigt dieser für den Verkauf der Immobilie das Einverständnis der Ehefrau. Der Gesetzgeber schützt diesbezüglich den gemeinsamen Wohnsitz der Eheleute vor dem Eigentumsrecht eines der Ehepartner.

Güterstand: Bezeichnet die Vermögensverhältnisse von Eheleuten untereinander. Der Güterstand regelt (i), wer *Eigentümer* der Vermögenswerte der Eheleute ist (gemeinschaftliches Vermögen der Eheleute oder Eigenvermögen eines/beider Ehepartner), (ii) wer für eventuelle *Schulden haftet* (das gemeinschaftliche Vermögen und/oder das Eigenvermögen des einen und/oder anderen Ehepartners) und (iii) wer einen bestimmten Vermögenswert bzw. eine Sache *verwaltet* (beide Ehepartner zusammen, jeder der beiden konkurrierend oder einer der beiden ausschließlich).

Das belgische Recht unterscheidet hauptsächlich zwischen dem Güterstand der Gütergemeinschaft und der Gütertrennung. Jeder dieser beiden Güterstände kann im Rahmen der Erbschafts- und Vermögensplanung durch den Ehevertrag vertraglich angepasst werden.

Nacktes Eigentum: Siehe „Bloßes Eigentum".

Nießbrauch: Auch Nutznießung genannt. Das Zivilgesetzbuch definiert den Nießbrauch als „das Recht, Sachen, an denen ein anderer das Eigentum hat, wie der Eigentümer selbst zu nutzen, jedoch unter der Bedingung, deren Substanz zu erhalten".

Das Eigentumsrecht an einer Sache verleiht dem Eigentümer drei *„Unterrechte"*: (i) die *Nutzung*, (ii) den *Zins- oder Fruchtgenuss* (z.B. Miete einer Immobilie oder Dividenden von Aktien) und die *Verfügung* (z.B. das Recht, die Sache zu verkaufen und den Preis zu vereinnahmen).

Entsteht ein Nießbrauch (dies geschieht entweder vertraglich oder durch Gesetz, z.B. infolge einer Erbschaft), so wird das Eigentumsrecht zwischen dem Nießbraucher und dem bloßen Eigentümer *gespalten*: Von den drei oben erwähnten Unterrechten des Eigentümers erhält der Nießbraucher das Nutzungsrecht und das Zins- oder Fruchtgenussrecht. Der bloße Eigentümer erhält das Verfügungsrecht (das jedoch auf sein nacktes Eigentum begrenzt ist: Eine Veräußerung würde den Nießbrauch nicht betreffen).

Neben den Rechten haben sowohl der Nießbraucher als auch der bloße Eigentümer auch *Pflichten*. So muss der Nießbraucher die Sache als guter Familienvater nutzen und die Substanz erhalten. Außerdem ist der Nießbraucher nur zu Unterhaltsreparaturen verpflichtet, während der bloße Eigentümer für die großen Reparaturen (z.B. Stützmauern) aufkommen muss.

Der Nießbrauch ist ein *Leibrecht*, was bedeutet, dass es spätestens beim Ableben des Nießbrauchers endet. Das Ende des Nießbrauchs hat automatisch als Konsequenz, dass sich das bloße Eigentum in ein einfaches (volles) Eigentum verwandelt: Der ehemals bloße Eigentümer verfügt somit über die drei oben erwähnten Unterrechte.

Soll die Sache *veräußert* werden, so bedarf es des Einverständnisses sowohl des Nießbrauchers als auch des bloßen Eigentümers (unter Vorbehalt der zwei unten genannten Ausnahmen). Da man ja nur so viel verkaufen kann, wie man selber besitzt, muss – damit der Ankäufer Eigentümer der Sache werden kann – der Nießbraucher das

Nutzungsrecht und das Zins- oder Fruchtgenussrecht, und der bloße Eigentümer das Verfügungsrecht an den Ankäufer übertragen. In diesem Fall wird der Preis zwischen dem Nießbraucher und dem bloßen Eigentümer aufgeteilt. Die Aufteilung geschieht anhand der Lebenserwartung des Nießbrauchers: Da der Nießbrauch ein Leibrecht ist, ist dieses Recht mehr wert, je jünger der Nießbraucher ist. Für die genaue Abrechnung bestehen vom Gesetzgeber aufgestellte Tabellen.

> **Beispiel 61:** Wird eine Immobilie an die überlebende Ehefrau (für den Nießbrauch) und an das einzige Kind (für das bloße Eigentum) vererbt, so darf die überlebende Ehefrau die Immobilie – solange sie lebt – entweder bewohnen (somit macht sie Gebrauch von ihrem Nutzungsrecht) oder vermieten und die Miete allein vereinnahmen (somit macht sie Gebrauch von ihrem Zins- oder Fruchtgenussrecht). Verstirbt die überlebende Ehefrau, so endet der Nießbrauch, und das vorherige bloße Eigentum des Kindes verwandelt sich in ein einfaches, volles Eigentum, d.h. das Kind kann die Immobilie bewohnen, vermieten oder veräußern.

In den folgenden zwei Fällen/Ausnahmen kann jedoch entweder nur der Nießbraucher oder sowohl der Nießbraucher einzeln als auch der bloße Eigentümer einzeln die Veräußerung erzwingen:

- Erbschaft des Familienwohnsitzes: Der Nießbrauch an dieser Immobilie kann nur mit dem Einverständnis des hinterbliebenen Ehepartners umgewandelt werden. Mit anderen Worten: Der überlebende Ehepartner hat immer das Recht, den Nießbrauch lebenslang auszuüben.
- Geerbtes Vermögen außerhalb des Familienwohnsitzes: Hier kann – falls sich der Nießbraucher (d.h. der hinterbliebene Ehepartner) und der oder die bloßen Eigentümer (z.B. Kinder) sich nicht über eine Veräußerung einigen – jeder der Beteiligten den Austritt aus der Erbengemeinschaft erwirken, indem entweder der Nießbrauch ganz oder teilweise in volles Eigentum oder in eine Geldsumme oder in eine indexierte und garantierte Rente umgewandelt wird.

Notar Ihrer Wahl: Außer in den seltenen Fällen einer gerichtlichen Bezeichnung eines Notars (z.B. bei einer öffentlichen Zwangsversteigerung) garantiert das belgische Gesetz jeder Person die freie Notarwahl. „Freie Wahl" heißt, dass der Notar, den Sie für ein Rechtsgeschäft beauftragen, nicht derselbe sein muss (aber natürlich kann, wenn Sie das so entscheiden) wie z.B. der Notar Ihrer Eltern. Oder aber der Notar „bei dem unsere Papiere liegen", oder der Notar, den der Verkäufer (oder Ankäufer) ausgewählt hat usw. Die Höhe des Notarhonorars ist von Gesetz her geregelt und bleibt identisch, selbst wenn jede Partei eines Rechtsgeschäfts (Käufer/Verkäufer, ein Erbe/ein anderer Erbe usw.) ihren eigenen Notar bezeichnet. In einem solchen Fall wird das gesetzliche Honorar unter den Notaren aufgeteilt. Damit möchte der Gesetzgeber erreichen, dass bei der Bezeichnung des Notars nur das Vertrauen – und nicht wirtschaftliche Gründe – eine Rolle spielt. Erstgespräche bei Notaren sind kostenfrei: Wenn Sie also einen Notar aufsuchen, um sich zu erkundigen, ob eine Erbschaftsplanung in Ihrer Situation Sinn macht, und das Ergebnis der Analyse ist, dass keine Maßnahmen getroffen werden müssen, da alles so gut ist, wie es ist, fallen für Sie keine Kosten für Beratung an.

Nutznießung: Siehe „Nießbrauch".

Pflichtteil: Bezeichnet einen Prozentsatz, den die von Gesetz her bestimmten Personen (Nachkommen, Ehepartner und – ggf. und nur bis zum 1. September 2018 – direkte Vorfahren) in der Erbschaft des Erblassers in jedem Fall für sich beanspruchen können. Pflichtteil bedeutet also für diese Personen der „nicht enterbbare Minimumanspruch" in der Erbschaft des Verstorbenen. Die Begünstigten können freiwillig auf ihren Pflichtteil verzichten: bis zum 1. September 2018 erst nach Ableben des Erblassers und ab diesem Datum auch im Rahmen eines Erbvertrags (siehe Teil 3, Kapitel 4, Punkt 7).

Die anwendbaren Pflichtteile im belgischen Recht sind in Teil 3, Kapitel 1, Punkt 2b) erklärt.

Sondervermögen: Siehe „Eigenvermögen".

Testator: Die Person, die ihren zukünftigen Nachlass durch die Aufstellung eines Testaments plant, d.h. der Verfasser des Testaments.

Tranche: Eine Tranche ist ein Teil eines Ganzen und verweist in diesem Buch auf die verschiedenen Einzelteile einer progressiven Besteuerung. Zum Verständnis, siehe auch den Begriff „ausgeschöpft" und die dort verwiesenen Beispiele.

Unbeweglicher Gegenstand: Gegenstände sind unbeweglich entweder (i) von Natur aus, oder (ii) durch ihre Bestimmung, oder aber (iii) aufgrund des Gegenstands, auf den sie sich beziehen.

(i) Unbewegliche Gegenstände von Natur aus sind Grundstücke und Gebäude.

(ii) Unbewegliche Gegenstände durch ihre Bestimmung sind bewegliche Gegenstände von Natur aus, die der Eigentümer eines unbeweglichen Gegenstands zum Dienst und zur Nutzung dieses unbeweglichen Gegenstands bestellt hat, z.B.: das mit dem landwirtschaftlichen Betrieb verbundene Vieh.

(iii) Unbewegliche Gegenstände aufgrund des Gegenstands, auf den sie sich beziehen, sind von Natur aus bewegliche Gegenstände, die der Eigentümer dauerhaft mit seinem unbeweglichen Gut befestigt hat, und die nicht entfernt werden können, ohne dass sie selbst zerbrechen oder beschädigt werden oder der Teil des unbeweglichen Gutes, mit dem sie verbunden sind, beschädigt wird (z.B. eine Küche, die in ein Haus „festgemacht ist", oder Einbauschränke).

Ungeteilt: Das ungeteilte Eigentum bezieht sich auf Eigentum, das auf verschiedene Personen (die Miteigentümer) zu gewissen Prozentsätzen verteilt ist, z.B. jeder zu 50% oder zu ⅓. Ungeteilt bedeutet in diesem Zusammenhang, dass keiner der Miteigentümer alleiniger Eigentümer eines abgetrennten Teils ist, sondern jeder Miteigentümer des Ganzen ist. Umfasst die Erbschaft z.B. drei Grundstücke und hinterlässt der Verstorbene drei Kinder und keinen Ehepartner oder gesetzlich Zusammenwohnenden, so sieht die gesetzliche Erbfolge vor, dass jedes Kind ⅓ eines jeden Grundstücks erbt, und nicht jeder ein Grundstück (das kann natürlich testamentarisch geändert werden).

Universalvermächtnisnehmer: Bezeichnet eine oder mehrere Personen, die durch den Erblasser per Testament eingesetzt wurden, um sein gesamtes Vermögen zu erben.

Verfügungsgewalt: Bezeichnet das Recht, über einen beweglichen oder unbeweglichen Gegenstand verfügen zu dürfen, d.h. ihn veräußern (u.a. verkaufen), mit dinglichen Rechten (u.a. Hypothek) belasten und vernichten (u.a. konsumieren) zu dürfen. Das Eigentumsrecht verfügt über die vollständige Verfügungsgewalt.

Vermächtnis: Bezeichnet die Zuwendung durch den Erblasser von einzelnen Vermögensgegenständen durch eine letztwillige Verfügung (Testament).

Verminderungsklage: Bezeichnet die Klage/Forderung eines Pflichtteilerben, falls der verfügbare Teil durch den Erblasser anhand von getätigten Schenkungen oder durch Vermächtnisse überschritten wurde. Um den Pflichtteil wiederherzustellen, werden zunächst alle Vermächtnisse anteilig vermindert. Falls selbst die Annullierung der Vermächtnisse nicht dazu führt, dass der Pflichtteil wiederhergestellt ist, werden ebenfalls die getätigten Schenkungen vermindert, angefangen mit der zuletzt getätigten Schenkung bis hin zur ältesten Schenkung.

Verwandtschaftsgrad: Auch „Grad" genannt. Jede Generation zählt als ein Verwandtschaftsgrad. Um den Verwandtschaftsgrad zwischen zwei Personen zu ermitteln, zählt man die Anzahl Generationen, die zwischen diesen beiden Personen bestehen, und addiert 1. Mein Bruder z.B. steht im 2. Verwandtschaftsgrad zu mir, da eine Generation (unsere Eltern) zwischen uns ist, + 1 = 2. Meine Cousine steht im 4. Verwandtschaftsgrad zu mir, da drei Generationen zwischen uns stehen (zuerst meine Mutter/mein Vater, dann meine Großeltern und schließlich meine Tanke/Onkel, der/die gleichzeitig Vater/Mutter meiner Kusine ist) + 1 = 4.

Sind in einer Erbfolgeordnung mehrere Personen vorhanden, so bestimmt der Verwandtschaftsgrad, welche(r) dieser Personen in der gesetzlichen Erbfolge erbberechtigt ist/sind, wissend, dass die Personen mit dem kleineren Verwandtschaftsgrad zum Erblasser die anderen ausstechen.

> **Beispiel 62:** Der Erblasser hinterlässt einen Sohn (1. Erbfolgeordnung), einen Enkelsohn (Sohn des Sohnes des Erblassers) (1. Erbfolgeordnung) und seine beiden Eltern (3. Erbfolgeordnung). Der Sohn erbt in diesem Fall alles. Sohn und Enkelsohn befinden sich zwar beide in der ersten Erbfolgeordnung. Der Sohn steht jedoch im 1. Verwandtschaftsgrad zum Erblasser und sticht somit den Enkelsohn aus, der nur im 2. Verwandtschaftsgrad zum Erblasser steht.

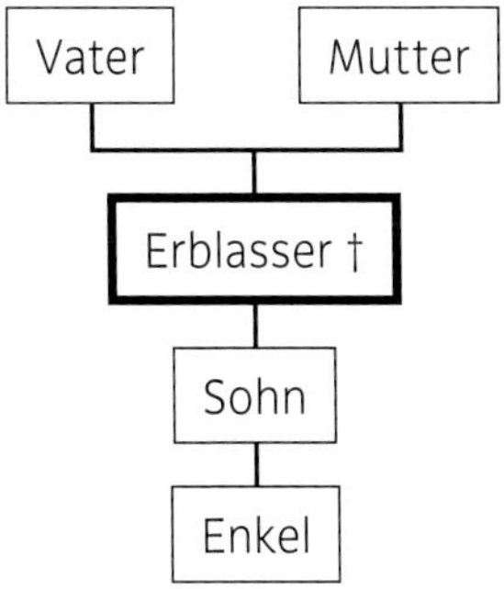

Volles Eigentum: Das Eigentum im herkömmlichen Sinn, auch Eigentum oder einfaches Eigentum genannt. Es verleiht dem Eigentümer drei „Unterrechte" über eine Sache: (i) die Nutzung, (ii) den Zins- oder Fruchtgenuss (z.B. Miete an einer Immobilie oder Dividenden an Aktien) und die Verfügung (z.B. das Recht, die Sache zu verkaufen und den Preis zu vereinnahmen).

Zivilrecht(-lich): Auch Bürgerliches Recht genannt. Der Begriff bezeichnet das Recht zwischen Personen unter sich, hauptsächlich aus der Freiheit des Willens abgeleitet, das dem Einzelnen grundsätzlich gestattet, mit anderen eine Rechtsbeziehung einzugehen. In diesem Buch wird der Begriff vorrangig für das Eigentumsrecht verwendet, d.h. er antwortet auf Fragen wie: Wem vermache ich welchen Vermögenswert? Wer ist Eigentümer?

In diesem Buch wird immer zwischen Fragen des Zivilrechts und des Steuerrechts (Welche Steuern fallen bei einem bestimmten Rechtsgeschäft an?) unterschieden.

5

Praktische Abwicklung einer Erbschaft unter belgischem Recht

Nach einem Sterbefall müssen gewisse verwaltungstechnische und steuerrechtliche Hürden genommen werden.

In diesem Kapitel erkläre ich Ihnen vereinfacht, wie eine Nachlassregelung in Belgien abläuft. Jeder Nachlass hat neben den Meldepflichten (Punkt 1 unten) eine *zivilrechtliche* Komponente (Wer sind die Erben und was erbt jeder der Erben/Vermächtnisnehmer? – Punkt 2 unten) sowie eine *steuerrechtliche* Komponente (Wie hoch sind die Erbschaftsteuern? – Punkt 3 unten). Letztlich kommt noch eine fakultative Komponente hinzu: Das Auflösen der Erbengemeinschaft (Punkt 4 unten).

1. Meldepflichten

Der Tod muss diversen Ämtern und privaten Dienstleistern oder Personen, mit denen der Verstorbene in einem Rechtsverhältnis stand, mitgeteilt werden. Diese Mitteilungspflicht obliegt den Erben, denn sie führen die Rechtsperson des Verstorbenen weiter.

Zu den Behördengängen gehört die Anzeige des Todes beim Standesamt. Dort müssen Sie Ausweis und Führerschein abgegeben und dort erhalten Sie den Auszug aus der Sterbeurkunde, die Sie wiederum für andere Verwaltungen benötigen. Diese Behördengänge nimmt Ihnen zumeist das Beerdigungsinstitut ab.

Darüber hinaus sollte der Tod folgenden Dienstleistern oder Personen mitgeteilt werden:

- Arbeitgeber des Verstorbenen: Einerseits besteht kein Anrecht mehr auf Gehalt und andererseits sollten Sie sich nach einer etwaigen Entschädigung im Todesfall (z.B. Gruppenversicherung) erkundigen.
- Mietvertrag: Der Tod beendet das Mietverhältnis nicht. Nehmen Sie Kontakt mit dem Vermieter auf und besprechen Sie eine Auflösung oder Übernahme des Mietvertrags.

- Kfz-Kennzeichen: Das Kennzeichen muss an die DIV zurückgeschickt werden, es sei denn, es soll auf enge Familienmitglieder übertragen werden: https://mobilit.belgium.be/sites/default/files/resources/files/transfert_plaque.pdf.
- Kindergeldkasse: Das Kindergeld wird bei Ableben eines Elternteils erhöht. Die Kindergeldkasse sollte automatisch über den Arbeitgeber informiert werden. Für Selbstständige ist die Sozialkasse zuständig.
- Mehrwertsteueramt und Handelsgericht: Wenn der Verstorbene eine Handelsaktivität ausübte, wird der Buchhalter diesbezüglich die notwendigen Schritte unternehmen.

2. Erbbescheinigung (Erbschein)

In einem ersten Stadium bereitet der Notar, den die Erben in Ausübung ihrer freien Wahl bezeichnet haben, die Erbbescheinigung vor. Mit diesem Dokument können die Erben sich als Erben ausweisen und z.B. die Freigabe der Bankkonten des Verstorbenen erwirken, die mit dem Ableben blockiert wurden.

Um diese Erbbescheinigung ausstellen zu können, muss der Notar gewisse Nachforschungen tätigen, u.a.:

- Im Zentralregister der Testamente prüfen, ob nicht irgendwo bei einem anderen Notar ein Testament hinterlegt wurde.
- Von den Erben sämtliche Informationen bezüglich der Familienzusammensetzung erhalten, sowie den Auszug aus der Sterbeurkunde.
- Andere Dokumente prüfen, die Einfluss auf die Erbfolge haben (Schenkungen auf den Längstlebenden, Ehevertrag usw.).
- Prüfen, ob keine Pflichtteilverletzung vorliegt.
- Prüfen, ob keine Steuerschulden vorhanden sind.

Unter der Voraussetzung, dass alle Erben volljährig sind und die Erbschaft annehmen, kann die Erbbescheinigung innerhalb von 20 Tagen ausgestellt werden. Befinden sich Minderjährige unter den Erben oder Personen, deren Handlungsfähigkeit beeinträchtigt ist, dauert das Ausstellen des Erbscheins länger, da die Annahme der Erbschaft zum Schutz der nicht handlungsfähigen Personen gerichtlich genehmigt werden muss.

3. Nachlasserklärung

In einer zweiten Phase bereitet der durch die Erben bezeichnete Notar die Nachlasserklärung vor. Die Nachlasserklärung ist ein privatschriftliches Dokument (es handelt sich also nicht um ein notarielles Dokument; der Notar nimmt hier die Rolle eines Rechtsberaters ein), das die Erben bzw. Universalvermächtnisnehmer innerhalb von vier Monaten nach dem Todesfall (bzw. fünf Monaten, falls der Todesfall sich im Ausland zugetragen hat) bei der Steuerverwaltung hinterlegen müssen. Die Nachlasserklärung bildet die Grundlage, auf der die Steuerverwaltung die zu zahlende Erbschaftsteuer ermittelt. Die Nachlasserklärung legt zuerst die Erbfolge dar und führt danach u.a. sämtliche Vermögenswerte (Güter wie Verbindlichkeiten) auf, die der Verstorbene den Erben bzw. Vermächtnisnehmern hinterlässt.

Um die Nachlasserklärung vorbereiten zu können, müssen die Erben dem Notar sämtliche Informationen bezüglich der Vermögenswerte (Güter wie Verbindlichkeiten), die der Verstorbene hinterlässt, zukommen lassen, ganz gleich, ob dieses Vermögen in Belgien oder im Ausland liegt. Unter anderem ist das Folgendes:

- Das Bankguthaben (Sicht- und Sparkonten, Fondsanteile usw.). Für die in Belgien gelegenen Konten reicht es aus, dem Notar den Namen der Bank mitzuteilen, bei der das Konto geöffnet ist;
- Immobilien;
- Fahrzeuge;
- Gesellschaftsanteile;
- Sämtliche beweglichen Gegenstände;
- Die Rechnungen, die für Leistungen zu Lebzeiten des Verstorbenen ausgestellt wurden und erst nach dem Tod beglichen werden können, z.B. Krankenhausrechnungen usw. Die Steuerverwaltung verlangt, dass die Originalrechnungen sowie der Zahlungsbeweis hinterlegt wird;

- Die Beerdigungskosten (ebenfalls Originalrechnungen);
- Kopie von etwaigen Versicherungen, die der Verstorbene abgeschlossen hat, oder den Namen der Versicherungsgesellschaft(en), z.B. Lebensversicherungen, Hausratversicherungen, Versicherung, die die Beerdigungskosten deckt usw.

Aus der Nachlasserklärung geht also der Nettowert hervor, den jeder Erbe und Vermächtnisnehmer erhält. Auf diesen Wert werden dann die Erbschaftsteuern berechnet, wie in Teil 2 erklärt. Die Erbschaftsteuer wird zwei Monate nach dem Ende der Hinterlegungsfrist der Nachlasserklärung fällig.

4. Auflösen der Erbengemeinschaft

Das Auflösen einer Erbengemeinschaft ist keine zwingende Etappe: Alle Erben können auch entscheiden, die Erbengemeinschaft zumindest vorerst aufrechtzuerhalten.

Falls die Erben (oder ein Erbe) entscheiden, die Erbengemeinschaft zumindest teilweise aufzulösen, muss zwischen beweglichen und unbeweglichen Gütern unterschieden werden. Die Aufteilung von beweglichen Gütern kann ohne notarielle Mitwirkung stattfinden (selbst wenn die Betroffenen in der Praxis häufig den Notar auffordern, dies vertraglich zu begleiten). Dies geschieht z.B., wenn die Erben zur Bank gehen und einen Auftrag unterschreiben, das Guthaben vom Konto des Verstorbenen anteilig auf ihre Konten zu überweisen. Bei der Aufteilung von unbeweglichen Gütern schreibt der Notar die notwendigen Verträge, damit die Aufteilung im Grundbuchamt eingetragen werden kann und somit Dritten gegenüber entgegenstellbar ist.

Wenn die Erbschaftsregelung einvernehmlich verläuft, wird die Nachlassteilung vertraglich durch den Notar durchgeführt, den die Erben frei gewählt haben. Wenn die Erben sich jedoch nicht auf eine einvernehmliche Nachlassteilung einigen können, wird das Gericht einen Notar bezeichnen, der die Aufteilung und Liquidierung des Nachlasses vornehmen muss. Dann befinden wir uns in einem gerichtlich geregelten Verfahren, in dem der Notar ein Gerichtsmandat ausführt und in dem die Parteien, unterstützt durch ihre Anwälte, ihre Forderungen vorbringen, die der Notar prüft und unter gerichtlicher Kontrolle auswertet.

Fragenverzeichnis (FAQ)

In gegenwärtigem Fragenverzeichnis finden Sie Erklärungen auf Fragen, die mir in meiner Arbeit als Notar häufig in Bezug auf Erbschaftsplanungen gestellt werden. Die Antworten verweisen auf die relevanten Passagen des Buches.

*

Bringt es in meiner konkreten Situation überhaupt etwas, meine Erbschaft zu planen?

Als Faustregel kann man Folgendes anwenden: Eine zukünftige Erbschaft eines verheirateten (oder gesetzlich zusammenlebenden) Paares mit Kindern, dessen Hauptvermögenswert das Eigenheim in der Wallonischen oder Brüsseler Region ist, bei dem weder eine Zweitimmobilie noch erhebliches bewegliches Vermögen (Geld, Aktien, Autos, Kunst usw.) vorhanden ist, und das wüscht, dass die Kinder zu gleichen Teilen das Vermögen der Eltern erben, muss nicht geplant werden bzw. eine Erbschaftsplanung führt nicht zu erheblichen Steuereinsparungsmöglichkeiten.

Entspricht Ihre Situation (Familien- oder Vermögenszusammensetzung) nicht diesem Fall oder haben Sie irgendwelche Sonderwünsche, wer Ihr Vermögen (oder einen Teil davon) erben soll, sollten Sie einen Notar Ihrer Wahl für ein Informationsgespräch aufsuchen.

Muss ich allgemein nach einer Schenkung drei Jahre überleben, damit diese überhaupt aus steuerlicher Hinsicht interessant ist?

Nein, die Dreijahresregel ist nicht allgemein anwendbar. Zuerst muss zwischen Schenkungen von Immobilien (1) und Schenkungen von beweglichen Gütern (2) unterschieden werden. Bei Schenkungen von beweglichen Gütern muss noch einmal unterschieden werden, ob die Schenkung besteuert wurde (2 a) oder nicht (2 b).

(1) Schenkungen von *Immobilien* in Belgien werden vor dem Notar Ihrer Wahl getätigt und unterliegen einer proportionalen Steuer (siehe Teil 3, Kapitel 3, Punkt 2). Die Schenkungssteuer ist günstiger als die Erbschaftsteuer. Verstirbt der Schenker innerhalb von drei Jahren nach der Schenkung, unterliegt die geschenkte Immobilie nicht noch einmal der Erbschaftsteuer. Ist der Beschenkte jedoch ebenfalls Erbe des innerhalb von drei Jahren nach der Schenkung verstorbenen Schenkers, so können die niedrigen Tranchen, in denen die Schenkung besteuert wurde, nicht noch einmal für die Erbschaft ausgeschöpft werden (siehe Beispiel 41 unter Teil 3, Kapitel 3, Punkt 2).

(2a) In Teil 3, Kapitel 3, Punkt 2 a) und b) (siehe auch das Schema dort) erfahren Sie, dass eine Schenkung von *beweglichen Gütern* (z.B. Geld, Aktien usw.), die der *Schenkungssteuer* unterworfen wurde, aus steuerlicher Hinsicht nichts mehr mit einer späteren Erbschaft zu tun hat, selbst wenn der Todesfall unmittelbar (also innerhalb der drei Jahre) nach der Schenkung erfolgt. Hier gibt es also keine Dreijahresregel.

(2b) Verstirbt der Schenker innerhalb von fünf Jahren einer *nicht besteuerten Schenkung von* beweglichen *Gütern*, fallen diese fiktiv wieder in die Erbschaft und unterliegen der Erbschaftsteuer (siehe Teil 3, Kapitel 3, Punkt 2b)).

Mein Ehepartner und ich sind deutsche Staatsangehörige und wohnen in Ostbelgien. Wir haben gehört, dass die Erbschaftsteuer in Belgien 80% beträgt. Stimmt das, und müssen wir im Alter zurück nach Deutschland ziehen, um unsere Kinder nicht durch die anfallende Erbschaftsteuer zu ruinieren?

Nein, eine 80%-ige Erbschaftsteuer ist in Ihrer Situation nicht möglich. Lediglich für Vermögen, das man von nicht Verwandten (oder entfernt Verwandten) über einen Betrag von 175.000 € erbt, ist man mit dieser extrem hohen Steuer belastet, die somit dem allgemeinen Ruf der belgischen Erbschaftsteuer schadet.

Anhand der Tabelle in Teil 2, Kapitel 1, Punkt 2, können Sie die Höhe der Erbschaftsteuer in Ihrer Situation errechnen.

Selbst wenn belgisches Erbschaftsteuerrecht nicht über die hohen Freibeträge wie deutsches Erbschaftsteuerrecht verfügt, bietet es dennoch eine Reihe von Planungsmöglichkeiten (siehe z.B. Teil 3, Kapitel 3, Punkte 2, 3 und 5 sowie Kapitel 4, Punkt 2)), die dazu beitragen, dass Sie Ihren Lebensmittelpunkt in Ostbelgien behalten können, wenn das Ihr Wunsch ist.

Allgemein ist hier zu raten, dass Sie – bevor Sie solche grundlegende Entscheidungen wie eine Wohnsitzverlegung treffen – sich bei einem Notar Ihrer Wahl erkundigen, ob das, was Sie ggf. über die belgische Erbschaftsteuer gehört haben, überhaupt richtig ist, oder ob es auf Ihre persönliche Situation zutrifft; mit anderen Worten: wie hoch die voraussichtliche Erbschaftsteuer in Ihrem Fall ist.

Ich habe mich noch nicht mit meiner Erbschaft befasst und somit auch kein Testament oder sonst etwas gemacht. Wer erbt von mir, wenn mir etwas zustoßen sollte?

Siehe Teil 1: Gesetzliche Erbfolge

Ich möchte mir als Geldanlage eine Wohnung kaufen. Ziel ist, diese zu vermieten und irgendwann zu vererben. Kann ich das steuerlich optimalisieren?

Ja, anstatt die Immobilie allein zu erwerben, können Sie diese gemeinsam mit Ihren Kindern erwerben: Sie für den Nießbrauch und Ihre Kinder für das nackte Eigentum. Somit fällt bei Ihrem Ableben keine Erbschaftsteuer hinsichtlich dieser Immobilie an, vorausgesetzt die Kinder haben das nackte Eigentum aus Eigenmitteln oder aus Geldern, die von Ihnen mittels Schenkung (besteuert oder nicht), die [in der Wallonischen Region] vor Unterzeichnung des Kaufvorvertrags oder Anzahlung stattgefunden hat. Siehe Teil 2, Kapitel 4, Punkt 5.

5

Ich möchte mit meinem Partner ein Haus kaufen und uns beide schützen, für den Fall, dass jemand von uns versterben sollte. Was muss ich tun?

Die zu treffenden Maßnahmen hängen von Ihrem Zivilstand ab:

- Sind Sie *verheiratet* und haben *Kinder*, ist ggf. gar keine Planung notwendig: Aufgrund der gesetzlichen Erbfolge (siehe Teil 1, Kapitel 2, Punkt 1) erbt der Überlebende von Ihnen die Nutznießung der Hälfte der Immobilie, die dem Erstverstorbenen gehörte, und die Teil seines Nachlasses ist. Diese Nutznießung ermöglicht dem Überlebenden, solange er dies will, die Immobilie zu bewohnen (ohne Miete zahlen zu müssen), oder – wenn er die Immobilie nicht

- mehr bewohnen will oder kann – allein die Miete zu vereinnahmen. Die gemeinsamen Kinder können den Verkauf der Immobilie nicht ohne Ihr Einverständnis erwirken. Gibt es Kinder, die nicht aus der gemeinsamen Beziehung entsprossen sind, besteht Planungsbedarf.
- Sind Sie *verheiratet* und haben (noch) *keine Kinder*, ist ein Testament (siehe Teil 3, Kapitel 1, Punkt 2b)) oder eine Schenkung auf den Längstlebenden (siehe Teil 3, Kapitel 4, Punkt 6) anzuraten.
- Sind Sie *gesetzlich zusammenwohnend*, bietet sich ein Testament (siehe Teil 3, Kapitel 1, Punkt 2b) (iii)) in Kombination mit einer Zuwachsklausel (siehe Teil 3, Kapitel 4, Punkt 1) an. Bei tatsächlichem Eintreten des Todesfalls kann dann im Einzelfall ermittelt werden, ob die Übertragung der Immobilienhälfte des Erstversterbenden günstiger anhand des Testaments oder der Zuwachsklausel erwirkt werden kann.
- Sind Sie *weder verheiratet noch gesetzlich zusammenwohnend*, sollte geprüft werden, ob es Gründe gibt, sich nicht als gesetzlich Zusammenwohnende eintragen zu lassen. Falls diese Eintragung nicht geschieht, sollte unbedingt eine Zuwachsklausel (siehe Teil 3, Kapitel 4, Punkt 1) in der Ankaufurkunde vorgesehen werden (siehe auch Teil 3, Kapitel 1, Punkt 2b) (iv)).

5

Ich möchte ein Testament aufstellen. Wie muss ich das machen?

In Teil 3, Kapitel 1, Punkt 1 erkläre ich die verschiedenen Testamentformen und wie ein Testament rechtskräftig aufgestellt wird.

Ich habe einem Kind ein teures Studium bezahlt und möchte gern für das andere Kind einen finanziellen Ausgleich finden. Was soll ich tun?

Neben einer Schenkung (die aber voraussetzt, dass Sie zu Lebzeiten Vermögen übertragen) können Sie ein Testament aufstellen: Siehe Teil 3, Kapitel 1, Punkt 2b), (i).

Ich höre oft, dass gemeinsam zu erben Streit nach sich zieht. Wie kann ich Probleme in einer Erbengemeinschaft vorbeugen?

Hier bietet sich an, eine große Erbengemeinschaft, d.h. Miteigentum bezüglich verschiedener Güter (Immobilien, Anlagen usw.) zu verhindern, indem Sie per Testament jedem Ihrer Erben Alleineigentum vermachen: Siehe Teil 3, Kapitel 1, Punkt 2, b), (ii). Außerdem sparen Sie dadurch für ihre Erben die Kosten (u.a. Steuern) eines zukünftigen Austritts aus der Erbengemeinschaft.

Wenn Erbschaftsteuern auf mein Vermögen zum Todestag anfallen, dann könnte ich doch warten, bis mir eine schwere Krankheit diagnostiziert wird, dann zur Bank gehen, alles abheben und das Geld meinen Kindern in die Hand drücken. Somit zahlen meine Kinder keine Erbschaftsteuern, weil an meinem Todestag das Geld einfach weg ist. – Richtig?

Nein, falsch. Siehe Teil 2, Kapitel 4, Punkt 1: Alles, was in den letzten drei Jahren Ihr Vermögen unentgeltlich (d.h. ohne dass eine finanzielle Gegenleistung stattgefunden hat) verlassen hat, wird für die Erbschaftsteuer betrachtet, als sei es noch immer im Vermögen, d.h. dass der Beschenkte (oder wenn dieser nicht ausfindig gemacht werden kann, die Erben oder Universalvermächtnisnehmer) wird auf diese Werte Erbschaftsteuer zahlen müssen.

Ich habe ein behindertes Kind. Muss ich bei der Erbschaftsplanung auf etwas Besonderes achten?

Ja, diese Situation sollte unbedingt geplant werden – einerseits, um den Schutz des Kindes zu gewährleisten, und andererseits erbschaftsteuerrechtlich. Siehe Teil 3, Kapitel 1, Punkt 3d) (das De Residuo-Vermächtnis) und Teil 3, Kapitel 3, Punkt 5. d) (Schenkung mit Auflagen. Hier: Schenkung an die anderen Kinder, mit der Auflage, für die Pflege des behinderten Kindes aufzukommen).

Mein Ehepartner und ich haben keine Kinder. Wir möchten, dass – wenn wir sterben – unser Vermögen nur an bestimmte Verwandte von einer Seite (z.B. die Seite meiner Frau) geht. Wie kann ich das am steuergünstigsten erreichen?

Hier bietet sich ein Testament mit De-Residuo-Vermächtnis an, siehe Teil 3, Kapitel 1, Punkt 3d).

Ich habe vor, mit meiner Frau ein Haus zu bauen auf einem Grundstück, das meiner Frau gehört. Muss ich etwas vorsehen?

Ja, siehe Teil 3, Kapitel 2, Punkt 3 und das darin erklärte Beispiel 37.

Wir wohnen in Deutschland, haben aber in Belgien eine Immobilie, die wir als Zweitwohnung nutzen. Wir haben nicht vor, diese zu Lebzeiten zu verkaufen. Sie soll irgendwann an unsere Kinder übergehen. Kann man diese Situation erbschaftsteuerrechtlich optimieren?

Ja. Aufgrund der Tatsache, dass Sie Ihren gewöhnlichen Aufenthalt außerhalb Belgiens haben, unterliegt Ihr Vermögen nicht der belgischen Erbschaftsteuer, mit Ausnahme der in Belgien gelegenen Immobilie. Da die Erbschaftsteuer in Belgien höher als die Schenkungssteuer ist, und Sie die Immobilie zu Lebzeiten nicht verkaufen möchten, bietet es sich an, dass Sie diese Immobilie zu Lebzeiten unter Nießbrauchvorbehalt an Ihre Kinder schenken. Als Nießbraucher können Sie die Immobilie weiter nutzen wie Sie wünschen, ersparen Ihren Kindern jedoch spätere Erbschaftsteuern (siehe Teil 4, Kapitel 1, Punkt 3a)).

Wie hoch ist überhaupt die Erbschaftsteuer?

Die Erbschaftsteuer wird errechnet auf den Nettoanteil, den eine Person aus dem Vermögen eines Verstorbenen erhält. Die Besteuerungssätze sind prozentual und steigen mit dem Vermögen und dem Verwandtschaftsgrad zwischen dem Verstorbenen und dem Erben. Teil 2 in diesem Buch hat zum Ziel, dass Sie anhand Ihrer konkreten Situation ermitteln können, in welcher Größenordnung sich die Erbschaftsteuer befindet.

Mein Ehepartner und ich leben nicht mehr zusammen. Unsere Liebesbeziehung ist beendet, aber wir möchten uns nicht scheiden lassen. Ich möchte jedoch auch nicht, dass er von mir erbt. Was kann ich tun?

Der Pflichtteil des Ehepartners und die verschiedenen Möglichkeiten und Bedingungen, die erfüllt sein müssen, um den Ehepartner ganz oder teilweise zu enterben, sind in Teil 3, Kapitel 1, Punkt 2a) (ii) erklärt.

Mein Ehepartner und ich möchten, dass der Längstlebende von uns beiden das gesamte Vermögen des Erstversterbenden erhält und unsere Kinder, zumindest aus der Erbschaft des Erstversterbenden von uns, nichts. Was ist zu tun?

Es bietet sich Ihnen an, den Güterstand der allgemeinen Gütergemeinschaft (siehe Teil 3, Kapitel 2, Punkt 2b) anzunehmen und mittels einer Zuteilungsklausel dem überlebenden Ehepartner die Hälfte des gemeinschaftlichen Vermögens zuzuweisen. Diese Zuteilung der Hälfte des gemeinschaftlichen Vermögens unterliegt der Erbschaftsteuer (siehe Teil 2, Kapitel 4, Punkt 3); zivilrechtlich wird das Ziel erreicht, nämlich dass bei Erbschaft des erstversterbenden Ehepartners der überlebende Ehepartner alles erhält. Siehe Teil 3, Kapitel 2, Punkt 4b) für genauere Erklärungen und die Grenzen/Bedingungen dieser Möglichkeit: Beispiel 39. Diese Möglichkeit sollte jedoch im Hinblick auf die Möglichkeit einer Scheidung gut durchdacht sein.

Ich bin Großmutter oder Großvater und eines (oder mehrere) meiner Kinder hat selbst keine Kinder und wird auch keine Kinder mehr bekommen. Kann ich hier etwas planen, um auf familiärer Ebene Erbschaftsteuern zu sparen – wissend, dass alle meine Kinder gleichviel erhalten sollen?

Ja, hier bietet sich das De-Residuo-Vermächtnis an (siehe Teil 3, Kapitel 1, Punkt 3d)): Indem ich testamentarisch vorsehe, dass meine Kinder zu gleichen Teilen erben, jedoch der Teil meines Erbes, der am Todestag meines kinderlosen Kindes noch in seinem Vermögen ist, auf meine anderen Kinder (oder deren Kinder, also meine Enkelkinder) übergeht, erreiche ich, dass für diese letzte Übertragung die Erbschaftsteuern in direkter Linie und nicht die zwischen Geschwistern, die deutlich höher ist, anwendbar ist. Somit habe ich auf familiärer Ebene Erbschaftsteuern gespart.

Ich bin Großmutter oder Großvater. Meine Kinder sind allesamt bereits „aus dem Gröbsten raus", d.h. finanziell unabhängig, und folglich auf meine Erbschaft nicht mehr unbedingt angewiesen. Unsere Enkelkinder sind jedoch noch jung und dabei, sich eine Existenz aufzubauen. Was kann ich tun?

Indem Sie Ihre Enkelkinder als Universalvermächtnisnehmer einsetzen, sparen Sie nicht nur Erbschaftsteuern auf familiärer Ebene, sondern erreichen auch noch, dass Ihr Vermögen in der Generation ankommt, die es am ehesten gebrauchen kann. Siehe Teil 3, Kapitel 1, Punkt 3e).

Schlusswort

Ich bedanke mich für Ihr Interesse und hoffe, dass das Buch Ihnen gefallen hat und Sie den einen oder anderen interessanten Punkt für Ihre persönliche Situation ausfindig machen konnten!

Wie in der Einleitung bemerkt, hat das Buch weder Anspruch auf Vollständigkeit noch kann ich gänzliche Fehlerfreiheit garantieren bzw., dass zwischen dem Moment, in dem ich diese Zeilen verfasst habe und dem Moment, in dem Sie das Buch lesen, nicht eine Gesetzesänderung oder Standpunktänderung der Steuerverwaltung stattgefunden hat.

Deswegen ist es von zentraler Bedeutung, dass Sie nicht allein auf der Grundlage dieses Buches Maßnahmen der Erbschaftsplanung in Eigenregie treffen, denn dafür übernehme ich keinerlei Verantwortung. Zur konkreten Umsetzung von Planungsmaßnahmen wenden Sie sich bitte an den Steuerberater, Rechtsanwalt oder Notar Ihrer Wahl.

Christoph Weling

Meine Notizen

Wir hoffen, dass dieses Buch Ihren Erwartungen gerecht wurde!

Bitte teilen Sie uns Ihre Anmerkungen oder Kritik mit.
Wir freuen uns über jede Anregung und jeden Verbesserungsvorschlag.

Der Austausch mit unseren Lesern liegt uns am Herzen.

GEV (Grenz-Echo Verlag)
Marktplatz 8
4700 Eupen (B)
Tel. +32 (0)87/59 13 03
buchverlag@ge-media.be
www.gev.be